€3-
VW08 R09

Waldemar Grab

Bin so gern auf Erden

Die exotische Geschichte
des Traumschiffpianisten

Autobiografie

Hinweis: Zum Schutz der Privatsphäre wurden an einigen Stellen Namen geändert oder abgekürzt. Das Manuskript beruht auf jahrelangen Tagebuchaufzeichnungen des Autors sowie auf Erinnerungen.

Wiedergabe von Bibelversen im Allgemeinen nach: Hoffnung für alle, Copyright © 1983, 1996, 2002 by Biblica Inc.™. Verwendet mit freundlicher Genehmigung des Verlages. Alle weiteren Rechte weltweit vorbehalten, sowie aus: Lutherbibel, revidierter Text von 1984 in Neuer Rechtschreibung, © 1999 Deutsche Bibelgesellschaft, Stuttgart

2. Auflage 2013

© Brunnen Verlag Gießen 2011
www.brunnen-verlag.de
Umschlagfotos: W. Grab/privat, dpa
Umschlaggestaltung: Ralf Simon
Fotos im Innenteil: W. Grab/privat,
soweit nicht anders gekennzeichnet
Satz: DTP Brunnen
Druck: CPI – Ebner & Spiegel, Ulm
ISBN 978-3-7655-1123-3

Inhalt

Ich wollte nichts auslassen	7
1. Eine mit Wind, eine ohne Wind	13
2. Das i-Tüpfelchen	18
3. Kanzlermaschine	22
4. Willy Brandt	28
5. Taufa'ahau Tupou IV. und Halaevalu Mata'aho	43
6. „Ick kenn Tausende, aber Sie will ick!"	54
7. Futter für Neptun	65
8. Der Walzerkönig	70
9. Das Sahnehäubchen auf dem i-Tüpfelchen	78
10. Mein erstes Klavier	80
11. Die Concorde	83
12. Das verpasste Taxi	96
13. Die Nummer eins	103
14. Erinnerungen und neue Kontakte	108
15. Mit Lippi in Ho-Chi-Minh-Stadt	115
16. Millennium in Hongkong	124
17. Logbuch-Schnipsel	139
18. Die Beatles und die Gideons	148
19. Ankerphilosophien	150
20. „Mord an Bord"	154

21.	Coca-Cola, Yes und No	158
22.	Wahre Freundschaft	160

Epilog	173
Anhang	175

Bin so gern auf Erden

Bin so gern auf Erden, diesem schönen Stern,
was auch immer werde, Herr, ich lebe gern!
Staunend über Wunder schau ich gern Dir zu,
ziehst durch die Gezeiten, alles, Herr, bist Du!

Sonne, Mond und Sterne leuchten Tag und Nacht,
schenken Licht und Wärme, sind Zeugen Deiner Pracht!
Du gibst mir das Leben und mein täglich Brot,
will mein Herz Dir geben, Retter in der Not.

War'n so viele Menschen, oft war ich allein,
hast mich dann gefunden, Herr, nun bin ich Dein!
Will Dir gerne dienen, mit Herz, Mund und Klavier,
komme Dir entgegen, denn ich gehöre Dir!

Text: Waldemar Grab
nach der Melodie: „Stern, auf den ich schaue"
Erschienen auf der CD „Bin so gern auf Erden" (siehe Anhang)

Von der Esoterik ein Stück Gefühl,
von den Juden ein Stück Gesetzmäßigkeit,
vom Islam ein wenig Gottesrespekt,
vom Dalai Lama ein paar gesunde Weltanschauungen
und vom Christentum erstrebte Heilsgewissheit.
So sah über Jahrzehnte meine gelebte Welt-Religion aus.
Bis ich feststellte, dass nur der Glaube an den dreieinigen Gott
alle oben genannten Beschreibungen beinhaltet.

Waldemar Grab

Ich wollte nichts auslassen

Es ist nie einfach, den Anfang eines Buches zu finden. Bei einem Kriminalroman, so sagt man, muss das blutrünstige Geschehen gleich auf den ersten Seiten passieren, sonst legt man ihn weg. Der Hauptdarsteller, Kommissar X, tritt oft erst viel später in Erscheinung. Nun, meine Geschichte hat zwar hier und da die Züge eines Krimis, aber auch die Fakten eines Sachbuches, die Beschreibungen eines Reiseführers, den Humor eines Lebenskünstlers sowie die schnulzig schöne Seite eines Heimatromans. Und der völlig unerwartete Hauptdarsteller, der, der mein Leben völlig über den bekannten Haufen warf, der tritt in der Tat erst später in Erscheinung, aber nicht zu spät.

Bis dahin treten, um in der Sprache der Filmemacher zu bleiben, eine Fülle von Nebenakteuren ins Bild, die mich begleitet, beeinflusst, geprägt, mit einbezogen haben ins Geschehen. Sie alle, die in diesem Buch Erwähnten und Nichterwähnten, sind, unabhängig von einem für beide Seiten zufriedenstellenden Ende, ein Puzzlestein dieses Bildes geworden, das sich heute „meine Lebensgeschichte" nennt: die Befürworter und Gegner meines damals egozentrischen Arbeits- und Lebensstiles, die über kurz oder lang ziemlich dicht an mich herankamen, mich ein Stück des Weges begleiteten, ihr Vertrauen in mich setzten und ich in sie – die, die enttäuscht wurden, und die, die glücklich sind über die gemeinsame Zeit.

Nicht wenige von ihnen, davon bin ich im Rückblick überzeugt, waren mir vorübergehend – sicher ohne es zu wissen – „Engel auf Erden" gewesen. Auch wenn ich im Nachhinein sagen möchte, dass es unter ihnen durchaus auch ein paar „falsche Engel" gegeben haben mag, kann ich behaupten: Sie alle passten ohne Ausnahme gerade in meine Lebenssituation hinein, wie ein Puzzlestein genau an *eine* Stelle des Bildes passt und nirgendwo anders.

Ich möchte Sie in diesem Buch auch ein Stück mit auf meine Traumschiffreisen nehmen und Ihnen von den Menschen an Bord, meinen Erlebnissen als Pianist, von Ententeichen und Wellengang, wunderschönen Mondnächten berichten und davon, wie es ist, allein an der Reling zu stehen und mit Gott ein leises Zwiegespräch zu führen. Oder von einem ZDF-Showmaster „typisch vietnamesisch" zum Essen eingeladen zu werden. Ich versuche zu erklären, wie es ist, am Flügel zu sitzen, die Menschen zu beobachten und immer wieder musikalisch Stimmungen aufzugreifen, mit Tönen ein Bild zu malen, das umrahmt wird von Eindrücken aus allen Kontinenten.

In einem Artikel der Hamburg-Ausgabe der Tageszeitung Die Welt[1] hat mich die Journalistin Christine Neuhaus einmal als „seltene Spezies", als „Frühstücksspieler, Einkaufsbegleiter und Stimmungsmaler am weißen Schleiflack-Flügel" bezeichnet. Glauben Sie mir: Traumschiffpianist zu sein, war einer der schönsten Berufe, die ich mir bis dahin vorstellen konnte. Es liegt in der persönlichen Beliebtheitsskala nur knapp hinter dem des Chef-Stewards auf der Kanzlermaschine in der Flugbereitschaft, ein Beruf, den ich ebenfalls sieben Jahre ausüben durfte. Was für Lebensgeschenke waren das, die ich erhielt!

Doch es wäre alles nichts, wenn ich in diesem Buch nicht erzählen könnte, wie ich mit den Eindrücken meiner Reiseerlebnisse und Erfahrungen auch das fand, was ich für mich ganz persönlich suchte: inneren Frieden. Und Antwort auf die Fragen: „Wo komme ich her und wo gehe ich hin? Kann ich eigentlich noch einmal ganz neu anfangen mit meinem Leben, ohne auf das Er-

---

[1] Vgl. Waldemar Grab, *Der Mann am Piano – Leitfaden für Tastenprofis* (siehe Anhang).

reichen bestimmter Meditationsstufen oder die Reinkarnation zu warten? Gibt es einen tieferen Sinn von allem?" Mehr Fragen hatte ich eigentlich nicht.

Es waren die unterschiedlichen Rituale der Weltreligionen und der Weltanschauungen selbst, die mich schließlich ins Christentum geführt haben, denn aus ihren am Ende unbefriedigenden Lösungen ging letztlich auch mein ungestillter Hunger nach mehr hervor.

Noch mehr sehen, noch mehr reisen, noch mehr Erfolg – um dann zur Erkenntnis zu gelangen: Nein, das ist es doch nicht, ich will etwas anderes, ich will an die Dinge, die der Mensch sich nicht mit Geld kaufen kann! Ich muss unbedingt an die Werte des wirklichen Lebens herankommen, die Werte, die hauptsächlich im unsichtbaren Bereich dieser Welt begründet sind.

Einmal das Nirwana zu erreichen – nein, das hatte ich trotz all meiner Nähe zu den asiatischen Religionen gar nicht vor. Abgesehen davon bezweifelte ich, dass es tatsächlich die Bestimmung meines Lebens war, alle essenziellen Lebensfunktionen und Selbsterhaltungstriebe bewusst auf Minimum zu fahren, um mich dann völlig loszulösen von allem Irdischen. Doch am Ende waren vor allem zwei Dinge für die allmähliche Veränderung meiner religiösen Ausrichtung ausschlaggebend:

1. Die Logik. Wie kann ein Schöpfergott, den es meines Erachtens ohne Zweifel gab, dem Menschen erst das Joch auferlegen, das Leid des Lebens durch unzählige biologische Kreisläufe und Reinkarnationen mitwandern zu lassen, um dann irgendwann durch verschiedene Meditationsstufen im „Vollkommenen", im reinen „Nichts" zu landen?

2. Meine Liebe zu den schönen Dingen dieser Erde, dem Materiellen und dem Menschlichen. Nein, wenn an diesem Satz „Macht euch die Erde untertan" (1. Mose 1,28) etwas dran ist, dann sicherlich nicht das, in völliger Askese auf das Ende des biologischen Lebens zu warten.

Und doch praktizierte ich einige Meditationsformen, die die vielfältigen asiatischen Religionen mir anboten, recht intensiv. Das Problem war: Ich legte mich nie auf eine der vorherrschenden Religionen fest. Malaysia, Vietnam, Japan, Indien – meine Liebe galt immer dem Augenblicklichen.

Dass im Zusammenhang mit meiner Suche nach den Antworten auf die eben genannten Fragen Jesus, der Zimmermannssohn aus Nazareth, einmal eine wesentliche Rolle in meinem Leben spielen würde, daran hätte ich im Traum nicht gedacht. Alles, ja alles hätte Einzug bei mir halten können, nur nicht das altbackene Christentum mit seiner barbarisch-brutalen Geschichte!

Aber wie das oft so ist: Als ich mich zum ersten Mal mit der Bibel beschäftigte, stieß ich sehr schnell auf die Stelle: „Was bei den Menschen unmöglich ist, das ist bei Gott möglich" (nach Markus 10,27). Und das, was ich für mich als schier unmöglich eingestuft hätte, das trat tatsächlich irgendwann ein. Ich öffnete mich einer Religion, die mir eigentlich hätte gestohlen bleiben können.

Vorher aber zog ich hinaus, um nicht nur einen wunderbaren Beruf auszuüben, sondern auch, um Bekanntschaft mit den großen Kulturen, Weltanschauungen und Religionen zu machen. Zu schauen und zu beobachten, wie die Menschen auf anderen Kontinenten leben und wo Menschen am glücklichsten sind. Dass ich dabei, so ganz nebenbei, noch mein Hobby, das Klavierspiel, zum Beruf und später sogar zur Berufung machen konnte, gehört wirklich zu den bis heute andauernden Glücksmomenten meines Lebens.

Doch auch die Wechselbäder persönlicher Erfahrungen mit Höhen und Tiefen gehören zu einer Biografie dazu und bei mir war diese „Kneipp-Kur der Gefühle", solange ich denken kann, recht ausgeprägt.

Es war ein Leben in Luxus und Entbehrung, in Erfolg und Nichterfolg, in Liebe und Lieblosigkeit. Eine Schlitterpartie mit

In Harmonie und Dissonanz, mit allem und mit nichts, in Schwarz und in Weiß – und vor allem mit dem Gefühl, nichts ausgelassen zu haben.

Freund und Feind, in Frieden und Gewalt, mit Treue und Betrug, in Reichtum und Armut und mit Zuneigung und Zorn und vor allem dem Gefühl, nichts ausgelassen zu haben.

1. Eine mit Wind, eine ohne Wind

April 2002. Wir kamen aus Alexandria, hielten in Zypern und vor dem griechischen Santorini, verweilten auf Korfu und waren nun auf dem Weg vom ägyptischen Port Said nach Dubrovnik in Kroatien. Vor uns lagen zwei Tage und Nächte auf See. Rund 400 Passagiere genossen einen „Ententeich". So bezeichnet man eine See mit maximal einer Windstärke. Dazu wurden 36 Grad im Schatten gemessen. Schmunzelnd quittierten Passagiere und Crew die Durchsage über die deutschen Wettermeldungen: Regen, 9 Grad, Orkanwarnung fürs gesamte Bundesgebiet. Die Armen zu Hause …!

Auf allen Decks waren sämtliche Bars geöffnet, die Hocker davor gut belegt. Im Meerwasserpool auf Deck 9 schwammen vier Personen. Schwimmen ist vielleicht zu viel gesagt, fast alle spielten „Toter Mann" und ließen sich auf dem Rücken treiben. Salzwasser trägt. Was für eine wunderbare physikalische Eigenschaft, da ist das Körpergewicht egal. Ich erfreute mich an ihren erschrockenen Gesichtern, als ich „bierernst" erklärte, dass um 11.30 Uhr kurz die Piranhas herausgelassen würden, die Tierschützer verlangten dies so.

Die Hälfte aller Liegestühle war besetzt, die andere Hälfte mit Handtüchern, Zeitschriften, Sonnencreme oder einem Buch reserviert. Das ist ein Phänomen, das auf Kreuzfahrtschiffen einfach nicht wegzudenken ist: belegte Liegestühle, ohne dass jemand drinsitzt. Aber wehe, Sie nähern sich diesem Stuhl, dann kommt mit größter anzunehmender Wahrscheinlichkeit aus irgendeiner Ecke der Schrei der gnädigen Frau, die sich noch im

Sonnenbereich des Schiffes auf einer anderen Liege befindet, ein Auge kontinuierlich auf Liege Nummer zwei gerichtet: „Das ist *meine!*"

Glauben Sie mir, das Liegenbelegen ist ein regelrechter Wettkampf geworden: Es gibt dabei die Professionellen, die noch zu halbschlafender Zeit bereits lange vor dem Frühstück die besten Plätze mit persönlichen Gegenständen reservieren, um zur Mittagszeit, wenn die Sonne am höchsten steht, so richtig die Rundum-Bräune genießen zu können. Und dann gibt's die Ausgebufften, die sich eben genau in diese Liegestühle setzen, aber nicht ohne die Accessoires des Vorgängers auf einem anderen Stuhl zu platzieren. Ganze Heerscharen von Passagieren in aller Welt haben jeden Sommer die Schlacht der fünf goldenen W's zu schlagen: „Wer liegt wann, wie lange und wo auf welchem Liegestuhl?" Warum sollte es auf einem Fernseh-Traumschiff anders zugehen ...

In einer „Seemanns-Revue", die eigens für das berühmte Fernseh-Traumschiff geschrieben wurde, hatte ich immer wieder eine der Hauptrollen zu besetzen, nämlich die des übertrieben fürsorglichen Ehegatten – welche auch sonst. Sie sei mir, so Kreuzfahrtdirektor Franco Wolff[2], auf den nicht übersehbaren Leib geschrieben worden.

Ein Thema in dieser Revue war natürlich unter anderem auch dieses Liegestuhl-Kreuzfahrtschiff-Drama, und ich hatte an einer Stelle mit verzweifeltem Ausdruck zu sagen: „Schatzi, ich habe dir eine Liege reserviert in der Sonne mit Wind, eine in der Sonne ohne Wind, eine im Schatten mit Wind und eine im Schatten ohne Wind. Und du bist immer noch nicht zufrieden mit mir, och, Schatzi!"

Die Zuschauer quittierten diese Stelle mit tosendem Applaus, jedoch nicht wegen meines verdatterten Gesichtsausdrucks oder der unnachahmlichen Mimik meiner Partnerin, sondern vermut-

---

2 Name geändert

Die wunderbare Sängerin Dunja Rajter war mit ihrem Show-Programm („Donna-Donna", „Che Sarah", „Nur nicht aus Liebe weinen" u.v.m.) auf vielen Reisen mit dem Traumschiff in ihre Heimat Kroatien dabei.

lich eher, weil sie sich wiedererkannten. Oder sagen wir besser, weil sie „die Müllers und die Meiers vom Nachbartisch" wiedererkannten. Comedy funktioniert meist dann am besten, wenn man den Leuten den Spiegel vorhält und sie nicht sich selbst darin sehen, sondern den, den sie darin sehen wollen.

Die Antwort meines „aufgetakelten Schatzis", das von den großartigen Schauspielerinnen Petra Lamy und April Hailer im Wechsel aufs Köstlichste gespielt wurde, lautete: „Schon gut, Liebster – aber sag, warum nennst du mich denn heute immer ‚Schatzi', das hast du doch sonst nicht gemacht?" An dieser Stelle hatte ich etwas in meinen Bart zu brummeln, und zwar so, dass die Zuschauer im Saal es verstehen konnten, „sie" aber nicht: „… ich nenne dich ‚Schatzi', weil ich mich heute zwischen Schaf und Ziege nicht entscheiden kann … Scha-tzi!"

Auf einem Schiff, bei herrlichstem Sonnenschein und einem Blick aus den Fenstern des kristallblitzenden Kaisersaals aufs glatte, gleißende Meer, da lacht man gerne über jeden Witz, auch über die, die in der Heimat keine Chance hätten.

Am frühen Nachmittag nutzte ich die Zeit bis zur Vorstellung, meine Noten zu sortieren und mein „Zeug" auf Vordermann zu bringen. Wäsche in die Wäscherei, Anzüge in die Reinigung, Schuhe auf Hochglanz. Ein gutes Trinkgeld für den Zimmer-

Steward, als Dank für Sauberkeit, für die frische Obstschale am Morgen und den Schokoladenriegel zur Nacht.

Im Store, dem Raum für Requisiten, schaute ich nach meinem Bühnen-Equipment und wühlte mich durch Mikrofonständer, Kisten, Ballettkleidung, Tonverstärker, Lautsprecher, Decken und Notenkoffer. Beinahe hätte ich es übersehen: Es ragte schräg zwischen zwei Kartons hervor. Ich stutzte einen Moment, weil ich damit in diesem Augenblick nicht gerechnet hatte: das Kreuz! Aus Holz, schön braun und dick lackiert. Während es für die Dauer der Gottesdienste und Andachten an Bord immer in der Mitte der Bühne aufgestellt wird und für alle Teilnehmer zumindest optisch Mittelpunkt des Geschehens ist, lag es nun, unbeachtet und mit viel unnützem Zeug verdeckt, wie vergessen und traurig im Store.

Es berührte mich irgendwie und ich nahm eine der Decken weg, um es ganz sehen zu können. War ich doch gerade erst dabei zu verstehen, was es mit der Symbolik des Kreuzes im Christentum tatsächlich auf sich hat. Vielleicht traf es mich deshalb so unverhofft, als ich es dort verkantet und unbeachtet liegen sah. Am linken T-Stück, etwa dort, wo sich der Nagel durch die Hand des Gekreuzigten gebohrt haben muss, hatte es eine Kerbe. Recht frisch, offensichtlich durch unachtsame Behandlung. Der Begriff der „Kreuzfahrt" erhielt für mich in diesem Moment eine neue, ganz eigenwillige Bedeutung.

Für die Mitarbeiter der Kreuzfahrtdirektion, die das Kreuz bis zum nächsten Gebrauch wie die übrigen Dekogegenstände im Store verstaut hatten, war es sicher eine Requisite wie jede andere. Es lag halt da, um auf Abruf wieder seinen Dienst zu verrichten.

Heute weiß ich, dass diese Geschichte für mich eine wichtige Metapher geworden ist, ein Bild, an das ich immer wieder erinnert werde, wenn ich mich nach einer kurzen „Auszeit" einmal mehr mit Gott beschäftigen möchte. Dann suche ich den Zugang zu ihm, irgendwo wird er sein, versteckt unter all meinen kleinen und großen Alltagssorgen. Doch ich bin ziemlich zuversichtlich, dass ich diesen Weg zu Gott immer wieder finden werde, denn wenn ich im Laufe meiner Glaubensjahre eines sicher verstanden habe, dann das: Der Weg zum Vater geht über das Kreuz und heißt Jesus Christus, der von sich sagte: „Ich bin der Weg, ich bin die Wahrheit, und ich bin das Leben! Ohne mich kann niemand zum Vater kommen" (Johannes 14,6).

2. Das i-Tüpfelchen

Es gehört wohl zu einer meiner Gaben, dass ich die Zähigkeit besitze, falsch gelaufene Dinge wieder zu wenden, unschöne Geschehnisse ins Positive zu kehren und dabei nie aufzugeben, sondern immer weiterzumachen. Aber ich besaß auch die Charaktereigenschaft, nach einigen Jahren den Staub viel zu rasch abzuschütteln und, ohne große Worte zu verlieren, einfach weiterzuziehen. Rastlos, immer darauf aus, „die Welt" zu erobern, eigene Vorteile zu erstreben – und dabei im Stillen ahnend, dass ich irgendwann, irgendwo in meinem Inneren doch noch Schaden nehmen würde.

Ich weiß noch, wie ein Hamburger Personalhunter im Auftrag eines Berliner Shopping-Centers nach wochenlangen Gesprächen zu mir sagte: „Herr Grab, Sie sind recht unstet, was die Dauer Ihrer Arbeitsverhältnisse angeht. Nach ein paar Jahren zieht es Sie scheinbar immer weiter. Wir wissen also nicht wirklich, wie lange Sie bleiben, aber wir nehmen Sie!"

Trotzdem würde ich es heute genauso wieder machen, denn die Fülle und den Glanz dieser Erde, die beruflichen, immer spannenden Aufgaben, die Völker und Schönheiten, all diese Eindrücke kann ich heute in meinen Veranstaltungen als Musikevangelist wunderbar einbringen. Und so paradox es auf den ersten Blick klingen mag: Es kann ein großer Segen darauf liegen, eine ohne Gott gelebte Vergangenheit im Nachhinein nicht zu vergessen und die nützlichen Erfahrungen daraus in die Arbeit und die Begegnung mit Menschen einzubringen. Ich weiß sehr wohl, wie sich ein Leben ohne Gott anfühlt.

Der damalige Bundeskanzler Helmut Schmidt auf dem Weg in die Kanzlermaschine, VFW 614, links Pilot Oberstleutnant Ernst.

Wie ich schon erwähnte, wollte ich die Welt gewinnen, und das gelang mir im Laufe der Jahrzehnte tatsächlich. Die herausragendsten Zeiten meiner Weltumrundungen erlebte ich nicht nur auf dem Traumschiff, dem „i-Tüpfelchen" meiner Laufbahn, sondern auch in den sieben Jahren, in denen ich als Chefsteward der Kanzlermaschine[3] mit den Spitzenpolitikern unseres Landes und den Staatsgästen der Bundesregierung die Welt auf dem Luftwege eroberte.

Es war die Zeit von 1976 bis 1982, in der in Deutschland durch terroristische Aktionen viel Blut auf unseren Straßen floss und in

---

3 Zunächst als Flugbegleiter auf den vier BOEING 707-307C, dann als Leiter der Abteilung Flugbegleiter „Kurz- und Mittelstrecke" auf den Flugzeugtypen VFM 614, Lockheed Jet-Star 140 und HFB Hansa Jet.

der der damalige Bundeskanzler Helmut Schmidt[4] sowie der damalige Außenminister Hans-Dietrich Genscher in ausgesprochen selbstaufopfernder Weise den Frieden in unserem Staat stabilisierten.

Unter anderem flogen wir 1977 im sogenannten „Deutschen Herbst" den damaligen „Staatsminister für besondere Aufgaben" Hans-Jürgen Wischnewski einige Male zu Verhandlungen überwiegend in die arabischen Länder, die in das Terrorgeschehen der „Rote Armee Fraktion" (RAF) mehr oder weniger freiwillig eingebunden waren. Im Oktober desselben Jahres wurde die Lufthansa-Maschine „Landshut" von arabischen Terroristen entführt, um verhaftete RAF-Angehörige freizupressen, die in Stuttgart in Haft saßen. Auf dem Weg nach Mogadischu/Somalia, wo wir Wischnewski abholen sollten, erhielten wir in der Luft den Befehl zur Umkehr. Die GSG 9 hatte die entführte „Landshut" gestürmt und alle Geiseln gerettet. Der Pilot Jürgen Schumann war vor der Befreiungsaktion von den Entführern getötet worden, was uns alle sehr hilflos und traurig werden ließ. Wischnewski blieb bei den befreiten Geiseln.

Meine Rolle war dabei sicherlich die geringste im ganzen Getriebe, war ich doch lediglich für den gesamten Ablauf im Inneren der Regierungsmaschine verantwortlich und nicht in irgendwelche Entscheidungen involviert. Doch dadurch, dass ich häufig direkt am Geschehen war, haben mich diese Jahre in ganz besonderer Weise geprägt und vorbereitet. Durch die vielen Gespräche mit den Adjutanten, Sicherheitsbeamten und insbesondere den Redenschreibern machte ich mir in jungen Jahren bereits ein Bild über politische und wirtschaftliche Strukturen der wichtigsten Länder der Erde, aber auch insbesondere darüber, wie die Bundesregierung die außerordentlich herausfordernden Krisenzeiten meisterte. Das bedeutete sicherlich auch eine maßgeb-

---

4 Alle Angaben zu Personen siehe Personenverzeichnis am Schluss dieses Buches.

liche Weichenstellung für meine spätere Zeit als Ghostwriter und Redenschreiber für Politiker und Wirtschaftsfachleute in Hamburg.

Ich bin überzeugt: Im Blick auf die damaligen Herausforderungen an die Regierung Schmidt/Genscher sowie auch an die spätere Regierung Kohl während der Wende kann in diesem Zusammenhang die Bibelstelle zitiert werden: „Denn es gibt keine staatliche Macht, die nicht von Gott kommt; jede ist von Gott eingesetzt" (Römer 13,1). Und ich bin durch die jahrelange Nähe zu den genannten Politikern gewiss, dass sich die Regierungen damals ihrer großen Verantwortung vor Gott und den Menschen bewusst waren. Eine Tugend, die heute in zunehmendem Maße verloren zu gehen scheint.

Verantwortung hin oder her: Zur Zeit des „Deutschen Herbstes" war ich immerhin erst einundzwanzig Jahre alt und wurde, subjektiv betrachtet, bereits mit dem interessantesten Beruf der Bundeswehr betraut: Chef-Steward auf der Kanzlermaschine der Bundesrepublik Deutschland.

3. Kanzlermaschine

Die Bundeswehr meldete sich bei mir 1975. Ich muss zugeben, dass ich gerne zur Grundausbildung antrat, denn ich war neugierig auf das, was da wohl auf mich zukommen würde. Nie und nimmer hätte ich gedacht, dass nun eine Lebensetappe folgen sollte, die ich später unter der Rubrik „Exotik meines Lebens" verbuchen würde. Ich sollte ursprünglich als Ausbilder in der Pinneberger Eggerstedt-Kaserne bleiben, doch es kam anders. Der Kommandeur erläuterte mir: Wenn ich mir vorstellen könnte, einen zwölfjährigen Dienstvertrag als Zeitsoldat zu unterzeichnen, könnte dieser Schritt die Grundlage für eine langjährige Tätigkeit in der Flugbereitschaft des Verteidigungsministeriums sein. Flugbegleiter auf der Kanzlermaschine – das klang nach einem interessanten Tätigkeitsfeld in der Bundesluftwaffe! Ich unterschrieb.

Nach einer zivilen Ausbildung auf Staatskosten bei der Lufthansa in Frankfurt ging ich zunächst als uniformierter Luftwaffensoldat mit der Berufsbezeichnung „Flugbegleiter" auf die Langstreckenflugzeuge. Dort hatte ich die Soldaten der Bundeswehr auf ihren Flügen zu den Ausbildungslagern in Winnipeg/Kanada, Decimomannu/Sardinien, Beja/Portugal, nach Sheppard und nach El Paso/Texas mit einem gewissen Service an Bord zu versehen. Allerdings lag der Schwerpunkt der Ausbildung im Sicherheitstraining, das auf so gut wie alle Eventualfälle abgestimmt war.

Auch die großen NATO-Delegationen mit allen ausländischen Spitzenmilitärs nahmen auf Einladung des jeweiligen deutschen Verteidigungsministers die Luftwaffen-Boeings in Anspruch. Die in meiner Dienstzeit tätigen Inspekteure der Bundeswehr, Admiral Armin Zimmermann, die Generale Harald Wust und Jürgen Brandt sowie General a. D. Ulrich de Maizière, der Vater unseres derzeitigen Verteidigungsministers, waren auf diesen Flügen regelmäßige Gäste und Gastgeber. Ich hatte hohen Respekt vor diesen kompetenten Führungspersönlichkeiten der Bundeswehr. Es machte mich sogar stolz, für die direkten Vorgesetzten als sogenannter persönlicher Untergebener tätig zu sein.

Es folgten weitere Lehrgänge und irgendwann hatte ich die berufliche Stellung erlangt, die man im Kabinenbereich eines Passagierflugzeuges erreichen kann: Steward, Chef-Steward, Purser, Check-Purser. Der Steward erledigt die Routine-Aufgaben in der Kabine, der Chef-Steward gibt die Anweisungen und den Zeitplan vor, der Purser überprüft die Leistung aller Flugbegleiter in der Praxis und der Check-Purser hat zusätzlich die Überprüfungs- und Lehrberechtigung für den gesamten Arbeitsbereich, inklusive der Abnahme von Prüfungen.

Mit dem Ankauf von vier neuen Flugzeugen für den Mittelstreckenbereich, der VFW 614, wurde ich versetzt und bekam die Leitung der „Sektion Flugbegleiter" auf der neuen Kanzlermaschine. Außerdem einen Stab von zunächst sechs weiteren Stewards, die nun für die Flüge der Bundesregierung in Bereitschaft standen. Stolz nahm ich die maßgeschneiderte Uniform entgegen und tat mein Bestes, ein gutes Klima untereinander, im Verhältnis zu den VIP-Gästen unserer Flüge sowie den Offizieren aus dem Cockpit aufzubauen und zu pflegen.

Unser Kompaniechef wurde mit Lob aus allen Bereichen von Bundeswehr und Auswärtigem Amt überschüttet, was ihn im Gegenzug recht großzügig mit meinen Freiheiten und Entscheidungsbefugnissen umgehen ließ. Immerhin standen die beiden Flugstaffeln mit ihren Langstrecken- bzw. Mittelstreckenflügen auch ein klein wenig als Konkurrenz im Blickfeld der Öffentlichkeit, auch wenn dies nie jemand offiziell aussprach. Doch wenn die jeweils zugehörige Maschine beim Aussteigen der VIPs abends in den Nachrichten zu sehen war, konnte dies bei dem ein oder anderen Crewmitglied durchaus zu stolzen Anwandlungen führen.

Das Privatleben in diesem Beruf war recht eingeschränkt, immerhin war man den größten Teil des Dienstes in Rufbereitschaft, im Büro oder in der Luft tätig. Nach zwei Jahren hatte ich bereits über 2.000 Überstunden, die ganz offiziell, für jeden ersichtlich, vom diensthabenden Offizier geführt wurden.

Und doch war immer irgendwie Zeit genug, dass ich meinem Hobby Klavierspielen nachgehen konnte. Ich war auf jeder Party gern gesehener Gast (besonders dann, wenn ein Instrument vorhanden war), spielte regelmäßig in Kölns Altstadt, im legendären „Klimperkasten" und im „Tudor-Pub". Ich erwarb mir eine Teilhaberschaft an der „Parodie Piano-Bar" in der Innenstadt, wo ich unvergessliche Abende mit dem damaligen Hit-Sänger „Purple Schulz" ablieferte. Im „Gingy's Pub" lud mich der Inhaber und Schauspieler Heinz Eckner zum regelmäßigen Klavierspiel ein, nicht selten auch mit eigenen Gesangseinlagen. Eckner wurde in Deutschland unter anderem durch die Mitwirkung in den Rudi-Carell-Shows „Am laufenden Band" berühmt, wo er elf Jahre lang den sogenannten Side-Kick spielte, ähnlich wie damals auch „Butler" Martin Jente bei den Sendungen mit Hans-Joachim Kulenkampff.

Es war also auch außerhalb meines Dienstes in der Flugbereitschaft ordentlich was los und ich konnte über einen Mangel an Geld oder an Bekanntheit nicht klagen. Doch um mich kurzzufassen: Es stieg mir damals recht viel recht früh zu Kopf. So kam ich schlitternd hier und da mit dem Gesetz in Konflikt und hatte auch an anderen Fronten ordentlich zu kämpfen. Dank einer damals in Deutschland noch nicht so reißerischen Presse gelang es, die Dinge im Stillen zu klären, eine Öffentlichkeitswirkung hätte auch einige Berühmtheiten in eine recht unangenehme Lage gebracht.

Bundeskanzler Helmut Schmidt und seine am 21. Oktober 2010 verstorbene Frau Loki. Von 1976 bis 1982 durfte ich sie als ihr persönlicher Chef-Steward auf der Kanzlermaschine begleiten.

Auch meine junge Ehe ging damals aufgrund meiner vielen „Nebentätigkeiten" sowie einer kontinuierlichen Abwesenheit in die Brüche. Doch dann kamen aus allen Lebensbereichen plötzlich Menschen, die mir auf die Schulter klopften und sagten: „Willkommen im Klub der Geschiedenen, das Leben geht weiter." Und es ging weiter, wenn auch oft schmerzhaft. Mit unglaublicher Offensivkraft ausgestattet, übersprang ich jede Hürde, nahm dabei aber auch den Bruch einiger Freundschaften in Kauf.

Bei diesen Turbulenzen war ich froh, dass ich hauptberuflich immer wieder durch die Welt jetten konnte. Ob mit Bundespräsident Walter Scheel und seiner Frau, Dr. Mildred Scheel, nach Skandinavien, in die Schweiz oder Spanien bzw. mit seinem Nachfolger Karl Carstens und seiner Frau Dr. Veronica Carstens nach Irland, Jugoslawien, Portugal, Österreich, Spanien, Ägypten, Griechenland oder Dänemark. Während Präsident Carstens sich mit seinen Dienstreisen überwiegend im europäischen Flugradius bewegte und mit unserer VFW 614 flog, bevorzugte sein Vorgänger Walter Scheel die weite Welt, die er dann mit den Kameraden auf der Langstrecken-Boeing bereiste.

Aber auch auf innerdeutschen Strecken summierten sich die Flugkilometer. Immer wieder Köln-Hamburg mit Helmut und Loki Schmidt oder deren Gästen.

Ich erinnere mich an den Flug am 23. Dezember 1978, wo wir die komplette Günter-Noris-Big-Band der Bundeswehr anlässlich des 60. Geburtstages des Bundeskanzlers nach Hamburg flogen. Ich hatte mit einigen der Musiker auch hinterher noch einen jahrelangen Kontakt und war oft Gast ihrer Konzerte. Nicht nur einmal überlegte ich, ob ich nicht als Berufssoldat in der Band einsteigen sollte, die Kontakte waren da.

Bereits 1970 hatte der damalige Verteidigungsminister Helmut Schmidt mit Günter Noris die ersten Gespräche geführt, die Bundeswehr mit „einem neuen Sound" auszustatten, was dann 1971 in die Tat umgesetzt wurde. Ich hatte damals die Olympischen Spiele 1972 in München nicht nur wegen der Terroranschläge, sondern auch wegen des Auftrittes der Noris-Big-Band in Erinnerung, genauso wie die Fußball-WM 1974 in Mexiko, wo die Band ebenfalls große Erfolge feierte. Und jetzt hatte ich mit zwei Flügen Kontakt zur gesamten Band! Großartig. Das Leben war einfach spitzenmäßig!

Dass Helmut Schmidt ebenfalls äußerst musikalisch ist, bewies er mit einer Plattenaufnahme[5] aus dem Jahr 1982, die er, zusammen mit den klassischen Konzertpianisten Christoph Eschenbach und Justus Frantz einspielte. Wir flogen die Künstler einige Male nach Las Palmas auf Gran Canaria, wo sich insbesondere der Herr Bundeskanzler in der Finka von Justus Frantz in Maspalomas, im

---

5 *Helmut Schmidt: Das Mozart-Konzert*, Konzert für drei Klaviere KV 242, mit Helmut Schmidt, Justus Frantz und Christoph Eschenbach und dem „London Philharmonic Orchestra".

Süden des Landes, am dortigen Steinway-Flügel einspielen konnte. Ach, wie gerne hätte ich Mäuschen gespielt, damals, wenn der Kanzler sein politisches Amt abstreifte und fröhlich aufgeräumt, seine schwarze „Helgoländer Lotsenmütze" auf dem Kopf, mit einem gut gelaunten hamburgischen „Tschüüss" die Stufen der Kanzlermaschine hinabstieg.

Wenn ich mir heute diese mittlerweile digitalisierte Aufnahme auflege, denke ich intensiv an diese Zeit zurück.

4. Willy Brandt

Während meiner Zeit in der Flugbereitschaft des Bundesministeriums der Verteidigung flogen wir nicht nur Regierungsmitglieder oder Staatsgäste von A nach B, sondern damals hatten auch die Ministerpräsidenten der Länder sowie die Parteivorsitzenden das Recht, die Dienstflugzeuge der Luftwaffe zu nutzen. So ergab es sich, dass ich ein gutes Dutzend Mal mit Altbundeskanzler Willy Brandt als Chef-Steward auf Reisen ging. Auch wenn mein Herz politisch anders schlug, so war er einer der großen Persönlichkeiten unseres Landes.

Die HFB 320 war ein Flugzeug, für das ursprünglich kein Flugbegleiter vorgesehen war. Bislang mussten die Flug-Ingenieure dieses Flugzeugtyps neben ihrer Arbeit im Cockpit für die Fluggäste den löslichen Schnellkaffee servieren. Das in durchsichtiger Mattfolie eingeschweißte Kaffee-Set bestand aus einem cremefarbenen, geriffelten Kaffeebecher und einem Plastiktütchen mit Plastiklöffel und portionierter Trockenmilch. Unter VIP-Service stellt man sich etwas anderes vor. Das ging dann so: Start, Passagiere abfragen, Kaffeetütchen aufreißen, Getränk servieren, zurück ins Cockpit. Während des Fluges geschah nichts weiter, nur noch das Abräumen und Abkassieren, kurz vor der Landung. (Tatsächlich wurde jeder Teebeutel und jedes Mineralwasser bei den Flügen abkassiert, es sei denn, das Kanzleramt oder das Auswärtige Amt stellten es frei, am Ende der Reise eine Rechnung über den Gesamtbetrag zu schreiben.)

Manchen Passagieren war dies auf Dauer zu wenig und zu „billig". So kam es, dass bei einigen Persönlichkeiten des politischen

Lebens dann auch ein Steward mitflog. Der hatte dann auch richtiges Porzellan oder den ein oder anderen Drink dabei.

Brandt war der Denker, in sich gekehrt und oft lange Zeit meditativ aus dem kleinen Fenster des Hansa-Jets schauend. Und dann wieder ein pointierter Erzähler und Analyst. In der Presse las ich später von Depressionsschüben, die den international anerkannten deutschen Kanzler a.D. in die innere Einsamkeit trieben, sowie vom gelegentlichen Griff zum Alkohol. Ich kann nichts davon bestätigen, was sich jedoch nur auf meinen kleinen, untergeordneten Dienstleistungsbereich auf den Regierungsmaschinen bezieht. Eines habe ich jedoch in all den Jahren aus eigener Erfahrung gelernt:

Die Gefahr einer gewissen Vereinsamung der im Rampenlicht Stehenden aus Politik und Showbusiness ist sehr, sehr groß, was tatsächlich nicht wenige die einlullende Wirkung des Alkohols suchen lässt.

Der Druck der Öffentlichkeit, der durch die oft subjektive Medien-Berichterstattung entsteht, ist ungeahnt groß. Oft so groß, dass ein Ventil hermuss. Wir alle kennen solche „Dampfableitungen" im großen oder kleinen Lebensalltag. Das Bedürfnis ist jedoch ungleich größer bei Menschen in der Öffentlichkeit. Die Luft dort ist sehr dünn, in der man sich bewegt, ein Austausch auf privater oder persönlicher Ebene ist kaum möglich.

Ich wünschte, der ein oder andere Reporter würde sich, neben seiner berechtigten und oft erfolgreichen Aufklärungsabsicht, auch an die menschlichen Grundregeln des Respekts halten. Mit Schaudern erinnere ich mich an das öffentliche Filetieren des Verteidigungsministers Manfred Wörner in den 1980er-Jahren, oder auch an die mediale und oppositionelle Jagd auf seinen späteren Amtsnachfolger Karl-Theodor zu Guttenberg im Februar 2011.

Um wieder auf Willy Brandt zurückzukommen: Er begrüßte mich schon beim zweiten Flug mit Namen und erkundigte sich, wie es mir ginge. Bei Start und Landung saß ich auf der Notfallbank an der vorderen Flugzeugtüre, mit direktem Blick in die VIP-Kabine. Er beobachtete stets haargenau, wenn ich bei ihm und seinen Adjutanten einen dezenten Hinweis auf das Anlegen der Sicherheitsgurte gab, ob ich mich anschließend auch selbst anschnallte. Manchmal schaute er mich minutenlang an, doch ich spürte, dass der Blick in erster Linie nicht mir galt, sondern dass er beim Nachdenken durch mich durchsah. Wenn alle angeschnallt auf ihren Plätzen saßen, blickte er jedoch anscheinend zufrieden wieder nach draußen und wartete auf Start oder Landung.

Diese Begegnungen während der Flüge fanden später noch eine erstaunliche Fortsetzung. Nachdem ich nach meiner Tätigkeit als Geschäftsführer des größten CDU-Kreisverbandes in Hamburg-Wandsbek sowie als Wahlkreis-Assistent des Bundestagsabgeordneten und Wehrexperten Klaus Franckc durch dessen Vermittlung weiter als Redenschreiber fungierte und ins Shopping-Center-Management gewechselt war, erhielt ich vom Springer-Verlag in Hamburg einen interessanten Anruf. Bei Springer war ich damals nebenbei journalistisch tätig und hatte in den Hamburger Wochenblatt-Ausgaben in einer millionenstarken Auflage eine wöchentliche Kolumne abzuliefern.

„Brandt" komme nach Hamburg und sein Büro habe meinen Namen genannt – ich stehe auf der Empfangsliste. Termin: „Heute Nachmittag, 16 Uhr." Das war doch mal eine gelungene Abwechslung! Zehn Jahre zuvor hatte ich Willy Brandt zum letzten Mal auf einem Flug nach Oslo und zurück begleitet.

Aus Brandts Büro kannte ich eigentlich niemanden mehr. Sein langjähriger Büroleiter Michael Bertram saß schon längst in Brüssel und hatte die Leitung der dortigen Vertretung der Friedrich-Ebert-Stiftung übernommen. Zehn Jahre zuvor hatten wir oft telefoniert oder waren zusammen mit dem „Chef" auf Reisen gewesen.

Wie auch immer, ich sagte meine beiden Sitzungstermine für den Nachmittag ab und machte mich langsam auf den Weg in die Innenstadt, immerhin hatte ich noch vier Stunden Zeit.

Wiedersehen mit Willy Brandt, Bundeskanzler a. D., im Hotel Atlantic Kempinski Hamburg, anlässlich der Präsentation seines Buches „Erinnerungen" im Jahre 1989.

Als ich im „Hotel Atlantic Kempinski Hamburg", wie es offiziell heißt, was aber niemand so sagt, ankam, erkannte mich der Concierge sofort. War ich doch nicht nur regelmäßiger Gast der anspruchsvollen Piano-Bar dieses weltberühmten Hotels, sondern vertrat auch immer wieder den dort angestellten Pianisten „Ferdi" an den Tasten. Außerdem hatte ich im „Salon Elbe I" vor nicht allzu langer Zeit ein Spendenfrühstück mit Hamburger Wirtschaftsfachleuten für die „Soldaten-Krebshilfe" des Bundeswehrkrankenhauses organisiert. Ich flüsterte dem Concierge ein unerschrockenes „Bin bei Willy" zu, wonach er meinen Namen dann auch sofort lachend auf der Gästeliste fand.

Manfred R. Heinz, der stellvertretende Leiter des Springerverlags, war ebenfalls anwesend, er schoss die Fotos und hatte dieses Meeting eingefädelt. Anschließend schleuste er mich an den wartenden Journalisten vorbei direkt ins Tagungszimmer, wo Willy Brandt auf die Fragen der Presse wartete.

Eigentlich wusste ich immer noch nicht, wie mir geschah. War ich doch über etliche Jahre lang nur der „Chef-Steward" auf seinen Reisen gewesen und nun saß ich hier, wieder im „Salon Elbe I", ohne einen weiteren Besprechungspunkt, und hatte als Journalist fünfzehn Minuten Zeit für ein Gespräch.

Die Begrüßung war äußerst freundlich und ich war noch nicht ganz im Salon, da eröffnete Willy Brandt schon die Konversation mit den Worten: „Setzen Sie sich doch! Ich freue mich sehr, Sie wiederzusehen!" Einen Moment lang dachte ich an eine „versteckte Kamera", aber das Meeting war echt. Wie gut, dass Manfred Heinz zum Fotografieren mitgekommen war!

Wir klopften die Vergangenheit ab, die Gegenwart und ein paar Lebenspläne von Brandt – es war ein Small Talk, wie er freundlicher nicht hätte sein können. Nicht nur ich fragte – auch er. Gezielt erkundigte er sich bis ins Detail nach mir und ich war erstaunt über sein Gedächtnis. Ein Protokollant erinnerte nach zwölf Minuten freundlich daran, dass das Gespräch in drei Minuten zu Ende sei, und dann verabschiedeten wir uns.

Beim Hinausgehen kam die ebenfalls anwesende Protokollführerin auf den Punkt: Der Vorsitzende könne sich vorstellen, dass ich sein neues Buch „Erinnerungen"[6] in der Hansestadt durch diverse Artikel und Rezensionen der Öffentlichkeit bekannt mache, was ich zusagte, allerdings würde ich es gern erst einmal lesen wollen.

Ich erhielt noch ein silbernes Feuerzeug mit der eingravierten Unterschrift des Bundeskanzlers a. D. als Dank. Es war die leider letzte Begegnung mit ihm.

Bonmot am Rande: Fünf Jahre später saß ich wieder im „Salon

---

[6] Willy Brandt, *Erinnerungen*, Propyläen-Verlag, Frankfurt/M. 1989. Erweiterte Neuauflage mit Notizen zum Fall G. (Guillaume), Ullstein Verlag, Frankfurt/M. 1992.

Elbe I", um mit rund zwanzig der besten Pianisten Norddeutschlands den „Deutschen Pianistenverband B.F.P. e. V." ins Leben zu rufen, den Berufsverband, dem ich sieben Jahre lang, bis zum Jahr 2000, als Präsident vorstand. „Salon Elbe I" war wirklich ein Raum, der das ein oder andere wichtige Ereignis meines Lebens begleitete.

Zurück zu meinen Jahren bei der Flugbereitschaft. Es gab bei besonderen Flügen neben einem Eintrag in mein persönliches Gästebuch meist noch eine Reihe von „Give-aways", wie mit Unterschrift gravierte Feuerzeuge, Bierhumpen, Kugelschreiber, Medaillen, Untersetzer, Bumerangs oder Kerzenständer. Der damalige Bundesminister für das Post- und Fernmeldewesen, Kurt Gscheidle, überreichte zum Beispiel am liebsten seine „Ersttags-Briefmarken". Da war es dann gleich, ob man philatelistische Bestrebungen hatte oder nicht. Ich weiß von Kollegen, die diese Marken sehr schnell in bare Münze umsetzen konnten, denn mit der Unterschrift des Postministers ist solch ein Sondermärkchen anlässlich des Tags der Briefmarke doch gleich viel mehr wert.

Aber auch so mancher Gästebuch-Eintrag lässt mich noch heute schmunzeln. So sieht die Unterschrift von Otto Graf Lambsdorff wie ein einziges Krickelkrakel aus. Es hätte auch eine EKG-Amplitude sein können, die hier das weiße Blatt zierte. Ein befreundeter Kardiologe entdeckte nach einem fröhlichen Abend in meinem Wohnzimmer sogar ein paar „Extra-Systolen" in dieser Unterschrift.

Peng Chong, damals Oberbürgermeister von Shanghai und Vierter Vorsitzender des Revolutionskomitees der Volksrepublik China, schrieb mir in schönstem Hochchinesisch die Wünsche für ein langes Leben nieder, zumindest hoffe ich, dass dies die Übersetzung ist.

Sehr fröhlich auch der Eintrag des immer gut gelaunten Bundesministers für Arbeit und Sozialordnung, Dr. Herbert Ehrenberg, in seinem Gästebucheintrag für die Kabinen-Crew: „Wie immer schnell und gut geflogen." Ich weiß nicht, ob er den Piloten ein „Danke für den guten Service" ins Logbuch schrieb.

Mit dem Parlamentarischen Staatssekretär des Verteidigungsministeriums, Dr. Andreas von Bülow, war ich mit der kleineren „Jet-Star 140" im September 1979 eine Woche lang durch Athen, Souda, Iraklion, Ankara, Izmir und Istanbul unterwegs. Der Staatssekretär wurde 1980 Bundesminister für Forschung und Technologie unter Bundeskanzler Helmut Schmidt. Von Bülow war immer in Eile, und so erinnere ich mich, dass ich mit zwei Kollegen bei der Besichtigung der Akropolis gar nicht gemerkt hatte, dass der Minister schon längst weitergegangen war. Bis uns ein Sicherheitsbeamter bat, doch zum Konvoi zu kommen, was wir mit roten Ohren dann auch eiligst taten.

Im Januar 1980 begleitete ich einen Tag lang den Außenminister der Republik Zaire, wie die Demokratische Republik Kongo damals hieß, Seine Exzellenz Jean Nguza Karl-I-Bond sowie seine Frau, Madame Nguza Karl-I-Bond. Der Tagesflug in verschiedene deutsche Städte fand unter hohen Sicherheitsmaßnahmen statt, denn S. E. Karl-I-Bond war 1977 in seinem Land wegen Hochverrats zum Tode verurteilt worden, auf Intervention vieler Staaten, darunter auch Deutschlands, war dies in eine lebenslange Haftstrafe umgewandelt worden. Ende 1979 wurde er sogar rehabilitiert, einer seiner ersten Reisen führte dann nach Deutschland. Da man vermutete, dass einige Landsleute ihm immer noch nach dem Leben trachten könnten, war die Sicherheitsstufe angehoben worden. Acht Monate später wurde er Premierminister seines Landes, des damaligen Zaire, dem heutigen Kongo.

Eine bewegende Folge von Rom-Besuchen bescherte uns der Vatikan im sogenannten Dreipäpstejahr 1978. Außenminister Genscher war nach dem Tod von Papst Paul VI. zur Einsetzung von Albino Luciani alias Johannes Paul I. geladen und gab mit seinem Besuch in Rom dem Pontifex die Ehre. Da der Minister sehr schnell wieder zurückwollte, blieben wir die Zeit über auf der Maschine und flogen nach drei Stunden mit allen wieder zurück nach Köln/Bonn.

Ganze 33 Tage später war „Il Papa del sorriso", der „Papst des Lächelns", gestorben und der Außenminister flog wieder mit uns nach Rom, jetzt zur Trauerfeier für den Papst. Dieses Mal hatte das Protokoll vorgesehen, dass auch die Crew der deutschen Regierungsmaschine mit fünf Personen an der Trauerfeier teilnehmen konnte, und so saß ich mit Flugzeugführer, Kopilot, Flug-Ingenieur und einem weiteren Crewmitglied aus dem Kabinenbereich nur etwa hundert Meter von der beeindruckenden Trauerzeremonie und zwanzig Meter von unserem Minister entfernt. Bereits wenige Wochen später kamen die ersten Schauergeschichten über eine eventuelle Ermordung von Johannes Paul I. in den deutschen Buchhandel.

Wir ahnten damals schon, dass wir in Kürze wieder hier sein würden, aber noch stand nicht fest, wer sein Nachfolger werden würde. Als dann nach einigen Wochen der weiße Rauch aus dem Schornstein der Sixtinischen Kapelle aufstieg und Tausende von Menschen auf dem Petersplatz das ersehnte „Habemus Papam!" („Wir haben einen Papst!") rufen konnten, hatte das Konklave den polnischen Kardinal Karol Józef Wojtyła nach dem achten Wahlgang zum Nachfolger gewählt. Der seit 1523 erste nicht italienische Pontifex sollte einer der beliebtesten Päpste der katholischen Geschichte werden und bis zu seinem Tod im Jahre 2005 mit 9.665 Tagen auch das drittlängste Pontifikat[7] innehaben. Er wählte als Papstnamen „Johannes Paul II.".

Zu seiner Amtseinführung saß unsere bewährte Kanzler-Crew mit dem Vizekanzler der Bundesrepublik Deutschland, Hans-Dietrich Genscher, wieder auf der Ehrentribüne. Zum dritten

---

[7] Die längste Amtszeit eines Papstes mit 34 Jahren wird von der katholischen Kirche dem Apostel Petrus als erstem Bischof von Rom zugeschrieben.

Male innerhalb eines Jahres erlebten wir die faszinierende Inszenierung eines Ritus, den Milliarden von Menschen in der ganzen Welt am Bildschirm mitverfolgen konnten. Es waren für mich unvergessliche Momente.

Mit Innenminister Gerhart Baum flogen wir im Juni 1980 mit der „Jet-Star" zum unvergesslichen Endspiel der Fußball-Europameisterschaft nach Rom, Deutschland gewann 2:1 gegen Belgien, wir erlebten es auf der VIP-Tribüne. Die großartige Reise mit der kompletten Familie Baum von Palma nach Tunesien, Tunis und Tozeur im April 1981 dauerte eine ganze Woche und beinhaltete viele unvergessliche Erlebnisse. Unter anderem wurde nahezu die gesamte Crew, mich eingeschlossen, am Ende der Reise von „Montezumas Rache" gepeinigt. Alle hatten am Pool die Getränke mit Eiswürfeln gekühlt, die wohl aus bakteriell verseuchtem Wasser hergestellt worden waren.

Am 30. Juli 1980 gaben sich die Majestäten König Hussein I. von Jordanien und seine Frau, Königin Nur al-Hussein, mit einem „inoffiziellen Staatsbesuch" in Deutschland die Ehre. Am Protokoll und dem Ablauf der Begrüßungszeremonie war nicht unbedingt erkennbar, dass es nur um einen privaten Besuch des Monarchen ging, denn der „Bahnhof" zur Begrüßung war schon gewaltig. Das Königspaar landete mit eigenem Jumbo auf dem militärischen Teil des Flughafens Köln/Bonn, die jordanische Standarte war von außen an das geöffnete Cockpitfenster gesteckt worden, auf dem linken Pilotensitz saß der König selbst. Seine „Parkposition" lag in unmittelbarer Nähe unserer kleinen VFW. Während der König zu Gesprächen nach Bonn fuhr, nahm Ihre Hoheit, Nur-al-Hussein, am Damenprogramm teil, das sie nach Köln führte. Sie hatte sich, um den Monarchen heiraten zu können, vom Christentum losgesagt und war zum Islam konvertiert. Sie war Husseins vierte Frau, die dritte war 1977 bei einem Hubschrauber-Absturz ums Leben gekommen.

Ich hatte die Ehre, die Königlichen Hoheiten als persönlicher Chef-Steward am nächsten Tag nach München und Hamburg in der VFW 614 zu begleiten. Eine äußerst denkwürdige und nachhaltige Begegnung. Man spürte die Anspannung der Sicherheitsleute, die über diesem Tag lag. So wurden alle Getränke und Speisen vor der Ausgabe von deutschen und jordanischen Spezialisten untersucht. Die gesamte Crew hatte die höchste Sicherheitsstufe, sie wurde alljährlich, oft ohne dass wir es merkten, neu überprüft.

Die Eindrücklichkeit solcher Begegnungen liegt oft in der Bedeutung verborgen, die diese VIPs in der Weltgeschichte erlangen. Und so hat mich die Rede des Monarchen, die er anlässlich der Ermordung des israelischen Ministerpräsidenten Jitzchak Rabin am 4. November 1995 in Tel Aviv hielt, damals sehr berührt. Hatte ich ihn doch von den Begegnungen 1980 noch lebhaft in Erinnerung. In dieser Trauerbekundung gab der König von Jordanien, der als ein direkter Nachfahre des Propheten Mohammed gilt, einiges von seinen persönlichen Gefühlen preis.

Hier ein kurzer, bemerkenswerter Auszug daraus:

„Meine Schwester, Frau Lea Rabin, meine Freunde, ich habe nie geglaubt, dass einmal der Moment kommen würde, da ich den Verlust eines Bruders, eines Kollegen und eines Freundes beklagen würde – eines Mannes und eines Soldaten, den wir achteten, wie er uns achtete. Du hast als Soldat gelebt und du bist als Soldat des Friedens gestorben, und ich denke, es ist für uns alle an der Zeit, hier und heute und für alle Zukunft klar und deutlich Position zu beziehen. […] Hoffen und beten wir, dass Gott einem jeden von uns – gemäß seinem jeweiligen Wirkungskreis – die Kraft geben wird, alles in seiner Macht Stehende zu tun, um die bessere Zukunft, an der Jitzchak Rabin so entschlossen und mutig baute, zu verwirklichen …"[8]

---

[8] aus: Lea Rabin, *Ich gehe weiter auf seinem Weg. Erinnerungen an Jitzchak Rabin,* Verlag Droemer Knaur, München 1997, S. 42f.

Während meiner Dienstzeit in der Flugbereitschaft flog ich mit allen damaligen deutschen Verteidigungsministern durch die Welt. Zu ihnen gehörte unter anderem Georg Leber. Er war ein hemdsärmeliger Kumpeltyp, auch und erst recht gegenüber den Menschen, die ihn ständig umgaben. An Respekt büßte er deshalb keinen Deut ein. Er bezahlte für seine Sicherheitsleute die Getränke an Bord persönlich und gab reichlich Trinkgeld, das er sich aus seinem kleinen schwarzen, abgegriffenen Portemonnaie zusammensuchte. Das Ehrenmitglied des „Sängerchors Frohsinn Obertiefenbach", seinem hessischen Geburtsort, wurde nicht nur in der Bevölkerung, sondern auch von einigen seiner ständigen Begleiter mit „Schorsch" angesprochen. Dem Volksschulabsolventen und Maurergesellen waren in seinem Leben eine Fülle von Ämtern angetragen worden, die er in äußerster Gradlinigkeit erfüllte. Die Menschen und das Land dankten es ihm mit einer ganzen Reihe von Ehrenpreisen, Doktorwürden und Ehrenbürgerschaften. Im Februar 1978 trat Georg Leber zurück, bis dahin durfte ich ihn ein gutes Dutzend Mal auf seinen Flügen begleiten.

Sein Nachfolger im Amt war Hans Apel. Ein Hanseat durch und durch, schon an seiner Sprache zu erkennen, mit dem berühmten „s-pitzen S-tein", über den die Norddeutschen, verbaltechnisch gesehen, gerne „s-tolpern". Burschikos, direkt, flott, keck war er – weit entfernt von schlechter Laune, ein Temperament, das mir als Rheinländer gleich lag. Auch der Minister zahlte die Getränke seiner Sicherheitsbeamten und rundete den Betrag jedes Mal ordentlich auf.

Ich erinnere mich, dass der damalige Kommandeur der Flugbereitschaft, Oberst D., ohne größere Not in dieser Zeit einen schriftlichen Befehl an seine beiden Flugstaffeln herausgab, an Bord „seiner Maschinen" keine Trinkgelder mehr entgegenzunehmen. Mal abgesehen davon, dass die erhaltenen „Überschüsse" sowieso in eine damals vorhandene Gemeinschaftskasse flossen, wussten wir nicht so recht, wie wir diesen Befehl vor unseren VIPs rechtfertigen oder umsetzen sollten.

Der Zufall wollte es, dass wir zwei Tage nach diesem Befehl den Chef des Obristen, Verteidigungsminister Apel, in Hamburg abholten. Als er alle auf dem Flug verzehrten Getränke bezahlen wollte, rundete er den Betrag so auf, dass etwa fünf Euro „für die Crew" übrig blieben. Ehrlich gesagt hatte ich gehofft, dass es passierte. Ich wartete den geeigneten Moment ab, um ihn anzusprechen: „Herr Minister, wenn Sie gestatten, möchte ich Sie auf einen Befehl Ihres Kommandeurs hinweisen, der uns ab sofort nicht mehr gestattet, Geschenke oder Trinkgelder anzunehmen. Ich wäre Ihnen dankbar, wenn Sie es also nicht persönlich nehmen würden, wenn ich Ihre Großzügigkeit heute zurückweise …" Puh, was für ein Satz. Geschwollener geht's nicht, dachte ich – aber Apel lachte.

„Zeig mal her den Wisch", sagte er und griff nach dem „Befehl", den ich „rein zufällig" in der Brusttasche meines Uniformhemdes hatte. Er las ihn und gab ihn mir zurück mit der Bemerkung: „Alles klar." Ich konnte nicht einschätzen, ob er mit „Alles klar" eine zu erwartende Aufhebung der Anordnung meinte oder die Gegebenheiten hinnahm.

Am nächsten Morgen erfuhr ich telefonisch vom „Spieß"[9] unserer Flugstaffel, dass die Trinkgeld-Anweisung vom Kommandeur zurückgenommen wurde. „Du wirst dem Minister ja hoffentlich nichts gesagt haben, oder …?" Ich schaffte es, das Thema zu wechseln. Außer meinem Freund, Friedhelm Wehrhoff, wusste niemand von dieser Aktion, aber alle waren zufrieden. Friedhelm und ich hatten einige Ausbildungsstufen zu unserem wunderbaren Beruf gemeinsam absolviert und ergänzten uns großartig. Er wurde irgendwann mein Stellvertreter und später, Ende 1982,

---

9 „Spieß" – umgangssprachlich für: Kompaniefeldwebel, „Mutter der Kompanie", engster Ansprechpartner für die Soldaten zum Kompaniechef bzw. Staffelkapitän.

nach meinem Abschied von der Flugbereitschaft, mein Nachfolger auf einer neu geschaffenen Planstelle als Berufssoldat.

Hans Apel war bekennender Christ. Immer wieder machte er dies in seinen Reden oder Publikationen deutlich – wenn er mal nicht in eines der vielen verbalen Fettnäpfchen trat, die während seiner Dienstzeit überall für ihn bereitstanden. Aber ehrlich gesagt, das machte ihn mir richtig sympathisch. Nach der Beendigung meines Dienstes in der Flugbereitschaft im Oktober 1982 haben wir uns nicht wiedergetroffen, was ich bedaure. Obwohl ich damals vom Christentum nichts wissen wollte, hatte ich vor seiner authentischen Beziehung zu Gott höchsten Respekt.

1999 traten er und seine Frau Ingrid aus Protest gegen die kirchlichen Segnungen gleichgeschlechtlicher Paare aus der evangelischen Kirche aus, engagierten sich finanziell und tatkräftig in der „Stiftung Alsterdorfer Anstalten" und wurden Mitglied in einer Hamburger lutherischen Freikirche. Er kritisierte, dass die evangelische Kirche sich dem Zeitgeist ergeben habe, und hielt dem entgegen, dass der Glaube an Christus das zentrale Element des Lebens, *seines* Lebens, sei. Bei solchen authentischen Glaubenszeugnissen könnte ich heute juchzen vor Freude.

Mit Apels Nachfolger, dem ehemaligen Vorsitzenden des Verteidigungsausschusses und Kampfjetpiloten Dr. Manfred Wörner, flog ich nach seiner Amtseinführung am 4. Oktober 1982 noch zweimal, bevor ich die Flugbereitschaft Ende Oktober 1982 verließ. Wenn ich gewusst hätte, dass einer meiner früheren Freunde, der ehemalige Personenschützer Helmut Schmidts und bekennende Christ Joachim B., nun bei Wörner seinen Dienst tat, hätte ich sicher alles darum gegeben, ihn wiederzusehen. Auf den genannten beiden Flügen war er leider nicht dabei. Was mich besonders freut, ist, was Joachim später berichtete: Manfred Wörner fand noch zu einem persönlichen Glauben an Jesus Christus, bevor er 1994 in Brüssel an Krebs verstarb.

Die Flüge mit dem bayerischen Ministerpräsidenten Franz

In 30.000 Fuß Höhe, auf dem Weg nach Kairo, beförderte mich der damalige Ministerpräsident von Bayern, Franz Josef Strauß, außerplanmäßig zum Feldwebel der Luftwaffe.

Josef Strauß gehören zu den eindrücklichsten Begebenheiten in meiner Zeit als Chef-Steward auf der Regierungsmaschine. Als Ministerpräsident konnte er die Dienste der Flugbereitschaft in Anspruch nehmen und tat dies auch. Wie zum Beispiel in der letzten Juniwoche des Jahres 1980.

Wir waren auf dem Weg nach Kairo/Ägypten und hatten im hinteren Teil des Flugzeuges noch etwa fünfundzwanzig Journalisten sitzen, die den Ministerpräsidenten und seine überaus sympathische Frau Marianne begleiteten. Plötzlich hektische Betriebsamkeit im vorderen VIP-Bereich der Maschine. Ich stellte mich in die Nähe des Politikers, um rasch einspringen zu können, falls etwas benötigt wurde. FJS witzelte mit seiner Frau herum, was ich akustisch jedoch nicht verstand, und sie lachte herzlich, als er sich erhob. Nun kann ich Ihnen den Dialog nicht auf Bayerisch wiedergeben, aber er bat mich, näher zu ihm zu kommen. Sein damaliger Freund und Begleiter Johnny Klein winkte die Presseleute heran. Strauß schaute mich lange durch seine gläsernen Bausteine, die er zum Lesen aufgesetzt hatte, an und las dann mit sichtlichem Vergnügen ab:

„Im Namen der Bundesrepublik Deutschland befördere ich den Stabsunteroffizier Waldemar Grab zum Feldwebel der Bundeswehr, Köln/Bonn, den 01.07.1980." Die Genehmigung zu dieser außerplanmäßigen Beförderung hatte zunächst über Funk vom Verteidigungsministerium eingeholt werden müssen. Daher die erwähnte Betriebsamkeit zu Beginn der ungewöhnlichen Aktion.

Ich war sprachlos. Wir befanden uns etwa 30.000 Fuß über Wüstengebiet und ich stand wohl ziemlich belämmert vor ihm. Die Presse fotografierte die Aktion rauf und runter, ein wohl einmaliger Vorgang, denn alle Beteiligten waren begeistert, dass sie dieses Husarenstück medienwirksam vollzogen hatten. Um es noch ein wenig effektvoller zu machen, wurde mein Kollege, der Unteroffizier Friedhelm Wehrhoff, gleichzeitig zum Stabsunteroffizier befördert.

FJS war nicht nur ein Vollblutpolitiker, wie er im Buche steht, sondern auch ein ausgezeichneter Landesvater und Mensch. Auf den Reisen mit ihm hatte er nie ein falsches oder unpassendes Wort auf den Lippen, war stets zuvorkommend, großzügig und vor allem sehr humorvoll.

Die sieben Jahre meines Dienstes auf der Kanzler- bzw. Regierungsmaschine waren eine wunderbare und großartige Zeit, die mich sehr für die Zukunft vorbereitet und geprägt hat und die ich in vollen Zügen genossen habe.

5. Taufa'ahau Tupou IV. und Halaevalu Mata'aho

Mein ganzes Leben lang erfuhr ich durch außergewöhnliche Begegnungen auch außergewöhnliche Anstöße. Das folgende Ereignis stellt eine Episode dar, die meine Zukunftsplanung für längere Zeit nachhaltig bestimmen sollte.

Es handelt sich um die Begegnung mit „Seiner Majestät Taufa'ahau Tupou IV.", König von Tonga, und seiner Gattin, „Ihre Majestät Halaevalu Mata'aho".

Die Geschichte begann bereits am 22. November 1979, als ich bei der Flugbereitschaft Dienst tat und das tongaische Königspaar auf Einladung von Bundeskanzler Helmut Schmidt der Bundesrepublik Deutschland einen Kurzbesuch abstattete. Der Dienstplan sah vor, dass ich die Delegation von Köln/Bonn nach Hamburg und weiter nach München drei Tage lang begleiten durfte.

Majestät hatte etwa dreißig Personen im Gefolge, übrigens überwiegend Frauen. Das Unvergessliche an dieser Reise waren drei Dinge:

1. Der Flugzeugsitz mit dem über zwei Meter langen Sicherheitsgurt, der eigens für den dicken Monarchen mit seinen rund 240 Kilogramm Gewicht hergestellt werden musste.

2. Die komplette Polynesien-Delegation im hinteren Teil der Maschine sang während des gesamten Fluges wunderschöne mehrstimmige Lieder aus Tonga. Und da, wie ich später erfuhr, der König auch Laienprediger in der auf den tongaischen Inseln beheimateten „Free Wesleyan Church", einer den Methodisten ähnlichen Volkskirche, war, nehme ich im Nachhinein die Situation so wahr, dass es überwiegend christliche Choräle waren. Mei-

ne Vermutung wurde bestätigt, als ich Ende 2010 während eines Aufenthaltes auf Haiti (mehr dazu am Schluss des Buches) einen dreistündigen Gottesdienst erlebte und die vielstimmigen Gesänge mich sofort an die Flüge mit dem König und seinem Gefolge erinnerten.

3. Die persönliche Einladung des Monarchen, jederzeit nach Tonga einreisen zu dürfen. Ein Techniker der Flugbereitschaft hat diese Einladung zwei Jahre später angenommen und lebte meines Wissens einige Jahre auf der liebenswerten Südsee-Insel. Zum damaligen Zeitpunkt nahm ich dieses „Geschenk für die Zukunft" zwar sehr gerne an, doch im Inneren dachte ich als Dreiundzwanzigjähriger nicht im Traum daran, mein Lebensdomizil auf eine Insel zu verlegen, von der ich rein gar nichts wusste.

Als ich jedoch den Inselstaat Tonga zweimal privat und dreimal mit der MS Deutschland besuchte, ließ es sich Seine Majestät nicht nehmen, bei jeder Ankunft unseres Traumschiffs selbst an Bord zu kommen, um die Besatzung zu begrüßen. Leider wurde er, wie wir alle, älter und von einer ausgeprägten Osteoporose-Erkrankung gezeichnet. Der König, geboren am 4. Juli 1918, benutzte im Alter Gehhilfen und hatte sehr stark abgenommen. Aber seine Fröhlichkeit, sein Glaube und seine Freundlichkeit blieben ihm bis zu seinem Tod am 10. September 2006, wie ich in einem Nachruf in der FAZ las. Es freute mich sehr, nachträglich zu erfahren, dass auch er Christ gewesen war.

Die Begegnungen mit ihm während seiner Deutschlandreise öffneten mir den Zugang zur Welt der Südseebewohner. Meine Besuche im Inselstaat Tonga sind mir in sehr eindrücklicher Erinnerung. Bei den ersten Aufenthalten in der Hauptstadt Nuku'alofa des wunderschönen westpolynesischen Archipels Tonga hatte ich mir die Telefonnummer eines Taxifahrers notiert, den ich bei den weiteren Besuchen erneut kontaktieren konnte. Er hieß „Johann IV." und während sein Fahrzeug nun wirklich nicht

Mit Adjutanten und Redenschreibern im hinteren Teil der Kanzlermaschine.

zu den moderneren auf der Insel gehörte, gefiel mir seine Art zu reden und zu leben.

Auf Johanns Armaturenbrett klebten neben dem Bild seiner Frau vier weitere kleine Bilder mit den Portraits seiner Kinder. Daneben, schon fast auf meiner Beifahrerseite, befand sich ein kleines Holzkreuz, ein Hinweis, dass Johann Christ war. Die meisten Inselbewohner sind Christen und gehören der „Free Wesleyan Church" an, daneben gibt es viele Methodisten, außerdem Katholiken, „Siebenten-Tags-Adventisten", „Free Church of Tonga"-Anhänger sowie die normale „Church of Tonga".

Sein Vater, Johann III., hatte eine kleine Kokospalmen-Plantage mit rund 300 Palmen, daher stamme auch sein, Johanns, Fachwissen. Sechzig dieser Palmen sollten in diesem Jahr gefällt werden, weil sie seit einigen Jahren die Maximalhöhe von 34 Metern erreicht haben. In einer Höhe über 30 Metern ist es kaum noch möglich, die Nüsse zu ernten, denn diese Höhe kann kaum noch von einem Plantagenkletterer erreicht werden.

Für uns Europäer war dieses Schauspiel der Kokosnuss-Ernte immer etwas ganz Besonderes, beschränkt sich doch in unserer Heimat das Früchteernten auf relative Bodennähe und ist kaum mit lebensgefährlichen Aktionen verbunden. Auf späteren Reisen konnte ich zum Beispiel in Thailand beobachten, wie junge Äffchen für das Ernten der Kokosnüsse abgerichtet wurden. Für die aufgeweckten und niedlichen Tiere, die auf zugerufene Kommandos die Nüsse abdrehen, bis sie zu Boden fallen, war das ein lustiges Spiel. Irgendwie erinnerten sie mich mit ihrer Sorglosigkeit an Kinder. Kommt es jedoch vor, dass sich ein Affe mit seiner Kletterleine, an der er befestigt ist, verheddert und in luftiger Höhe in Not gerät, kann man ihn nie wieder für diese „spielerischen" Tätigkeiten gewinnen. Er weigert sich sein Leben lang, so etwas noch einmal zu tun. Die Folge: Er wird verkauft, als „Taschendieb" abgerichtet, landet auf einer Drehorgel oder als Delikatesse im Kochtopf.

Auf Tonga gab es diese Einsätze mit den leckeren Delikatess-Äffchen jedoch nicht. Deren gefährliche Arbeit wird von den bereits erwähnten Plantagenkletterern übernommen.

Als wir bei meiner ersten Fahrt mit Johann ohne Stopp an seinem Haus vorbeifuhren, zeigte er mit dem Finger auf sein kleines Anwesen. Stolz erzählte er, dass er für jedes seiner vier Kinder drei Palmen gepflanzt hat. Im Alter von zwölf Jahren konnten also die beiden Mädchen und jeder der beiden Jungen über drei ausgewachsene Palmen verfügen. Ich finde, es ist eine hübsche Idee, für die eigenen Kinder einen Baum zu pflanzen. Leider ist dieser alte deutsche Brauch bei uns überwiegend in Vergessenheit gera-

Taxifahrer Johann IV. schlägt uns zwei Kokosnüsse zur Erfrischung auf und diskutiert mit mir über den Erwerb eines Altersruhesitzes.

ten. Wie man sieht, ist er auf der anderen Seite unserer Erde beliebt.

Hätte ich diesen Gedanken bei der Geburt meiner Tochter Sarah-Juliane gehabt, wäre der (Apfel-)Baum heute, nach über dreißig Jahren, in seiner vollen Pracht zu bewundern, und ich könnte noch vor dem Opawerden seinen Schatten genießen.

Überhaupt gefiel mir Johanns bescheidene Art. Seine Frau, so erzählte er mir stolz, sei eine Küchenbedienstete im Königspalast, der komplett aus Holz, weiß angestrichen und mit roten Dächern versehen sei. Und fast entschuldigend erwiderte er, dass ein Besuch für Touristen nicht möglich sei, da der Bereich weiträumig eingezäunt war. Ich sagte ihm nicht, dass ich schon dort gewesen war.

Wir fuhren, ohne viel zu reden, die Liku-Road, die sich im südlichen Teil der Insel in relativer Küstennähe entlangzieht, in östliche Richtung. Johann summte eine recht eingängige Melodie und ich freute mich, dass ich in einer knappen halben Stunde noch einmal bei den „Blow Holes", den „blasenden Löchern", sein würde, einem unvergesslichen Naturschauspiel.

Die Küste der Hauptinsel Tongatapu ist sehr felsig und führt hinunter bis zum Maka'akiu-Beach im Süden des Landes. Die befahrbaren Sandstreifen sind schmal und stoßen gelegentlich an vorgelagerte Riffs. Die sogenannten Blow Holes entstehen dadurch, dass die Brandung unaufhörlich gegen das Riff schlägt. Im Laufe der Jahrtausende hat das Wasser mit ungeheurer Wucht unterirdisch den Felsen nach oben hin ausgehöhlt. Aus diesen Öffnungen schießt nun in rhythmischen Abständen eine Wasserfontäne nach der anderen bis zu zwanzig Meter hoch in die Luft.

Während ich schweigend aus dem Fenster des Taxis schaue, fahren Johann und ich an einem Rudel dunkel gefleckter Hausschweine vorbei. Die haben vielleicht ein Leben, dachte ich, „mit Blick aufs Meer". In mir ist plötzlich der tiefe Wunsch, es ihnen irgendwann gleichzutun.

Punkt 12 Uhr hielt Johanns Taxi in der Nähe einer schattigen Plantage und er kaufte uns zwei Kokosnüsse, die er fachmännisch in wenigen Hieben mit einer schon tausend Mal geschliffenen Machete aufschlug. Während wir den spielenden und recht scheuen Kindern des Kokosnussverkäufers zuschauten, fragte ich ihn ohne Umschweife: „Was müsste ich tun, wenn ich an solch einem kleinen Haus interessiert wäre – als Ruhesitz, wenn ich nicht mehr arbeiten muss?"

Während er aus seiner Nuss trank, rollte er seine weit aufgerissenen Augen fast komödiantisch in meine Richtung, dass ich lachen musste. „It's very expensiv", sagte er sofort, „es ist sehr teuer!" Er zeigte auf das von außen schmucklose Holzhaus mit einer Art Reetdach und nannte den Preis: „25.000 Tongaische Pa'anga" (TOP), den Touristen zuliebe auch „Tonga-Dollar" genannt. Umgerechnet waren dies damals rund 13.000 US-Dollar. Eigentlich ein Schnäppchen, wenn man es recht bedenkt.

Je ärmer das Land, desto aufmerksamer und authentischer die Kinder. Sie begnügen sich mit den geringsten Mitteln, schaukeln mit alten Autoreifen und können sich kaputtlachen über die Witze eines dicken Weißen, der ihr Land besucht.

„I call you", „Ich rufe Sie an!", antwortete ich nach einigen Sekunden, drehte mit dem Zeigefinger an einer imaginären Wählscheibe und deutete dann, mit dem rechten Daumen nach oben zeigend, an, dass ich liebend gerne mit ihm ein Geschäft machen würde. Mit einem Pokerface, dem ich keine weitere Regung oder Mimik entnehmen konnte, setzte er sich ins Auto, ich stieg im Fond des Wagens ein und wir fuhren zum heutigen Ziel, den schon erwähnten „Blow Holes".

Ich war dieses Mal als Showpianist auf der MS Deutschland, bekannt aus der ZDF-Traumschiffserie, nach Tonga gekommen. Wir kamen von den Cook-Islands, machten nun Stopp vor Samoa und Tonga, um anschließend nach Darwin in Australien und nach Papua-Neuguinea weiterzureisen.

Am nächsten Tag bekam ich von der Kreuzfahrtdirektion die Order, an Bord zu bleiben, weil die Tochter des Königs ihren Besuch angekündigt hatte: Prinzessin Pilolevu Tuita.

Sie glauben nicht, was auf einem Fünf-Sterne-Schiff, wo eh nach außen hin schon alles picobello zu sein scheint, an solch einem Tag los ist. Das Hotelmanagement legte sich ins Zeug, denn das Protokoll musste bis auf die letzte Sekunde mit allen Getränke- und Servicegängen abgestimmt sein, die Kreuzfahrtdirektion feilte am Ablauf des Besuches sowie an den Auftritten der Künstler, die minutiös festliegen mussten, und auch der Kapitän lief mit seinen Offizieren etwas häufiger durchs Bild als gewöhnlich.

Die Cleaner saugten im Auftrag der „Hausdame" die eh schon fusselfreien Teppiche aus einer gewissen Präsenzpflicht heraus einige Hundert Mal hin und her und die Messing-Putzer, erkennbar an ihren grünen Kitteln, polierten die Handknäufe und -geländer, bis man sich darin spiegeln konnte.

Im Restaurant lief Obersteward Rolf Battermann auf hanseatischen Hochtouren, fast militärisch exakt wurden Bestecke und Gläser auf den schmuckvollen Tischen ausgerichtet und es war gut, dass nur er heute Zutritt zur Küche hatte, denn was dort los war – man konnte es nur ahnen.

Im Kaisersaal probte die israelische Sopranistin Miriam Sharoni für ihren Auftritt und im Kino saß die maltesische Konzertpianistin Berenice Mifsud am Klavier, um sich auf ihre musikalische Darbietung für die Prinzessin vorzubereiten. Da ich ebenfalls auf der Suche nach einem Klavier war, aber kein freies fand, probte ich mein Stück mental und auf der Schreibtischplatte in meiner Kabine. Das ist für mich bis zum heutigen Tag noch immer eine Übungsmethode, die aus dem Stegreif funktioniert.

Und dann war es so weit: Im Moment des Eintretens in den prunkvollen Kaisersaal erhoben sich auf ein Zeichen von Hoteldirektor Willy Gebel hin die etwa fünfhundert Gäste und ich setzte am Steinway-Flügel mit dem Hauptthema von Beethovens 9. Symphonie ein, dem Auftakt der etwa neunzigminütigen Veranstaltung.

Prinzessin Pilolevu Tuita, Tochter des Königs von Tonga, wünschte sich für ihren Empfang im Kaisersaal der MS Deutschland von mir das Hauptthema aus Beethovens 9. Symphonie, „An die Freude". Links die maltesische Konzertpianistin Berenice Kortstock-nee Mifsud.

Als die Prinzessin die vier Stufen zur Bühne hinaufschritt, blieb sie einen Moment an meinem Flügel stehen und schaute mir bei den Schlusstakten zu. Da ich auswendig spielte, erwiderte ich ihren freundlich lächelnden Blick in demütiger, langsam nickender Kopfbewegung und musste fast schmunzeln: Durch das unverhoffte Stehenbleiben der Königstochter war auch das gesamte Gefolge ins Stocken geraten und es sah, zumindest aus den Augenwinkeln betrachtet, so aus, als wenn sie alle nun, wie soll ich sagen, aufeinanderklebten.

Auch wenn mich Kreuzfahrtdirektor Franco Wolff am Ende des Stückes empört ansah, für diesen kurzfristigen „Hoheiten-Auflauf" konnte ich nun wirklich nichts. Als die Prinzessin Platz genommen hatte, lief dann alles reibungslos und zur vollsten Zufriedenheit aller ab.

Das Schiff sollte am nächsten Morgen um 7.30 Uhr den Hafen von Nuku'alofa wieder verlassen, mein Part zur freundlichen Kurzweil beim Prinzessinnen-Empfang war erledigt. Es war erst

12 Uhr und um 17 Uhr hatte ich zur Cocktail-Stunde wieder in der Piano-Bar „Zum Alten Fritz" zu sein. Ich zog mich um und rief meinen Taxichauffeur Johann IV. an. Er klang recht fröhlich und so fuhren wir, nicht wie gestern, einmal rechts herum um die ganze Insel, sondern direkt geradeaus die Vaha'akolo-Road hinunter, bis wir, ein Stück hoppelnd und querfeldein, wieder auf die Hauptstraße Liku-Road stießen.

Johann stoppte an einem nicht besonders gut befahrbaren Grundstück, das zu einem kleineren Haus führte, umringt von sechs Kokospalmen, die so gepflanzt waren, dass sie bei allen Sonnenständen Schatten spendeten. Vom Haus selbst war es ein etwa vierhundert Meter freier Blick zum Meer, wie ich feststellte, der Fußweg dorthin recht felsig. Ein phänomenales Bild, zumindest für mich als Industrie-Europäer. Das war Natur pur! Die Stromversorgung zu legen sei kein Problem, sagte Johann IV. scheinbar fachmännisch, außerdem gebe es zwei starke Generatoren, sollte mal kein Strom da sein.

Wäre das ein Haus für mich? Nun, da Johanns Frau bei Hofe arbeitete und ich wohlweislich ein paar Bilder vom Deutschland-Besuch „Seiner Majestät" dabeihatte, hoffte ich auf einen kleinen Nachlass. Ich deutete ihm an, ihm das Haus jährlich abzuzahlen, als Anzahlung erhalte er, wenn wir zurück am Schiff wären, 4.000 TOP, rund 2.000 Dollar.

Handeln hatte ich in arabischen Ländern gelernt und brachte in meinen Abendshows gelegentlich einen entsprechenden, um Dollars feilschenden, Dialog ein: „Er sagt 12, meint 10, will haben acht. Wert ist es vielleicht sechs, du sagst vier und gibst ihm zwei!", aber Polynesien ist nicht Saudi-Arabien. Man handelt zwar gerne, aber hier ging es nicht um eine geschnitzte Holzstatue oder eine Batiktischdecke, sondern „mal eben" um ein kleines Haus am Meer.

Johann schlug ein und ich bat ihn, dass er sich um die Grundstücksangelegenheiten kümmern solle. Das war alles. Kein Vertrag, nur ein Handschlag. Mir war ein wenig mulmig zumute. Mein langjähriger Freund und Musikerkollege Rigo streckte mir noch 1.000 Dollar vor, als wir am Schiff waren, und schüttelte nur mit dem Kopf. Die Diskussion sollte die ganze Fahrt über anhalten, aber eines musste ich ihm hoch anrechnen: Er behielt es für sich. Nur H. P., ein Brücken-Offizier mit Kapitänspatent, kannte außer ihm mein Geheimnis, denn er war wiederum bereit, das Haus von mir für gelegentliche Aufenthalte zu pachten.

In nicht mehr ganz zehn Jahren würde ich hier also meinen „Ruhesitz" aufschlagen. Nach meinem Berufswechsel von der Flugbereitschaft zum Traumschiff mit fünfundfünfzig ein weiteres Mal aussteigen aus dem Leben, wer konnte das schon?! Und vor allem, wenn man es konnte – wer machte es dann? Ich stellte mir schon vor, dass ich hinter dem Haus saß, mit einer Flasche Gin auf dem Tisch, einer kleinen Tonga-Familie um mich herum – oder auch nicht – und ähnlich wie mein alter Kopfkumpel Ernest Hemingway in Key West/Florida einen Bestseller nach dem anderen schrieb. Die meisten davon hatte ich gelesen. Und das mit der polynesischen Sprache würde ich als ausgeprägter Autodidakt schon hinkriegen.

Doch es kam anders, als ich es mir jemals hätte träumen lassen. Im Oktober 2003 telefonierte ich mit „Johann IV." und erklärte, dass sich meine Lebensplanung verändert habe und die finanzielle Abwicklung nun über „H. P." laufe, den er ja bereits kennengelernt habe. Ich wisse nun, dass Gott andere Pläne mit mir habe. Seine Antwort war kurz: „My friend, the King of our life makes the best plans with us!" „Mein Freund, der König unseres Lebens macht die besten Pläne mit uns!" Ein Satz, der, ausgesprochen in einer Monarchie, nachdenkenswerte Züge enthält.

6. „Ick kenn Tausende, aber Sie will ick!"

Das Hamburger Hotel Atlantic spielte nicht nur bei der Gründung des „Deutschen Pianistenverbandes", der Begegnung mit Altbundeskanzler Willy Brandt und der sogenannten Spendenfrühstücke für die Soldatenkrebshilfe eine Rolle in meinen beruflichen Stationen, sondern hier wurde ich für meine siebenjährige Reise auf dem ZDF-Traumschiff MS Deutschland entdeckt.

Mit rund neun bis zehn Millionen Zuschauern pro Folge gehört „Das Traumschiff" seit über dreißig Jahren zu den beliebtesten Serien in der deutschen Fernsehunterhaltung. Kein Mord und kein Totschlag, immer schönstes Wetter – und sogar die schlimmsten Ehekrisen sind spätestens nach neunzig Minuten vorüber, alle haben sich versöhnt.

Aber das ist, wenn Sie so wollen, auch das einzig Unrealistische im Vergleich zum wirklichen Leben auf der „Deutschland", dauern doch die wirklichen Lebenskrisen meist etwas länger.

Sollten Sie sich die ein oder andere Folge angeschaut haben, erinnern Sie sich sicher auch an die wunderschönen Landschaftsbilder, die in jeder Episode einen Höhepunkt der jeweiligen Folge darstellen. Ob aus der Savanne, der Südsee oder aus Shanghai: Immer bekommt man auch eine Menge Informationen über Land und Leute zu sehen.

Eine heile Welt von Hongkong bis Cuxhaven, von St. Petersburg bis Tahiti, von Honolulu bis Hohnhorst.

Und es gibt dieses Schiff wirklich! Die MS Deutschland der

Die MS Deutschland steht seit ihrer Jungfernfahrt im Jahr 1998 in Diensten der Peter Deilmann Reederei GmbH. Sie ist mit ihren 22.400 Bruttoregistertonnen und 175,20 m Länge, 23,10 m Breite, acht (offiziellen) Decks, 280 Mann Besatzung, 294 Kabinen, davon 224 außen, und einer Aufnahmekapazität von 520 Passagieren kleiner, als mancher Fernsehzuschauer es glauben mag.

Peter Deilmann Reederei in Neustadt/Holstein gehört zu den schönsten Schiffen der Welt, zumindest innenarchitektonisch. Sie wurde am 11. Mai 1998 vom ehemaligen Bundespräsidenten Richard von Weizsäcker getauft und gilt mit Recht als eines der schönsten Flaggschiffe der deutschen Seefahrtgeschichte. Auch der damalige Bundeskanzler Helmut Kohl würdigte den Reeder aufgrund seines unternehmerischen Mutes, denn das Schiff fährt bis zum heutigen Tage unter deutscher Flagge statt unter dem Banner eines „Billiglandes", Steuern und Löhne werden nach deutschem bzw. europäischem Recht gezahlt. Das Glückwunschschreiben von Helmut Kohl hängt eingerahmt neben dem Restaurant „Vier Jahreszeiten" auf Deck 7 und jeder, der das Schiff schon einmal betreten hat, und sei es nur als Besucher, hat es gelesen.

Zigtausende von Passagieren sind bereits auf der „Deutschland" gefahren und Abertausende werden es wohl noch tun, denn der Kreuzfahrt-Boom hält unvermindert an. Dass die Arbeit auf diesem Schiff auch einmal Bestandteil meines Lebens werden sollte, hätte ich mir im Traum nicht vorstellen können. Auch das fing im Hamburger Hotel Atlantic an.

Ich hatte nach einem anstrengenden Tag, der rein gar nichts mit Musik zu tun hatte, kurzfristig eine Vertretung für Ferdi übernommen, einem „sympathischen Tänzer auf Ebony und Ivory", wie wir uns gelegentlich gegenseitig bezeichneten. Mit „Ebony" meinten wir das Ebenholz der schwarzen Klaviertasten und mit „Ivory" die weißen bis gelblichen Elfenbeintasten, die heute richtigerweise durch Kunststofftasten ersetzt sind.

Paul McCartney und Stevie Wonder haben das Lied „Ebony and Ivory" 1982 zum monatelangen Nummer-1-Hit gemacht. Es beinhaltet übrigens gleich in den ersten beiden Zeilen eine Frage an Gott, nämlich warum es nicht möglich sei, wie eben diese beiden Tasten, in Harmonie zusammen zu leben: „Ebony and ivory live together in perfect harmony; side by side on my piano keyboard, oh lord, why don't we? …"

Denkwürdig ist dabei: Wenn Sie eine weiße und die direkt danebenliegende schwarze Taste auf einem Klavier gleichzeitig drücken (Sekunde), klingt es alles andere als harmonisch. Eigentlich ist die Schönheit der besungenen Harmonie nur wirklich schön, wenn man sie nicht drückt. Eine interessante Metapher des Lebens …

Ich trat also an diesem Abend nach einem langen Arbeitstag im Hotel Atlantic meinen „Vertretungsdienst" als Barpianist an und schon nach den ersten Takten hatte ich mich wachgespielt. Bis zum heutigen Tag ist für mich oft unbeschreiblich, wie man mit den 88 Tasten eines Klaviers eine perfekte Therapie für sich selbst entwickeln kann und ich danke Gott, so lange ich lebe, dass er mir diese wundervolle Möglichkeit des Klavierspielens schon in frühesten Jahren geschenkt hat. Alles ist an diesen Tasten möglich, jede Gefühlsregung lässt sich wiedergeben und nicht nur, wenn man in der Unterhaltungsbranche mitmischt.

Nun saß ich also wieder einmal in dieser Piano-Bar. Dort haben sich bereits Schauspieler, Politiker, Musiker und Wirtschaftsbosse den mehr oder weniger anstrengenden Tag heruntergespült. So auch heute. Es war 20 Uhr und etwa drei Viertel der Plätze waren bereits besetzt, der Rest reserviert. Nur die Klavierbank war noch frei – also nahm ich die, nachdem ich mir den Schlüssel von Salvatore, dem gegeltesten Barkeeper aller Zeiten, über den Tresen hatte reichen lassen.

Der schwarze Yamaha-Flügel stand auf einer kleinen, erhabenen Bühne, und obwohl es nur siebzig Zentimeter Höhe über „Normalnull-Atlantic" waren, hatte man einen großartigen Überblick auf das Geschehen. Direkt zwei Meter neben mir gab es eine bequeme Sitzgelegenheit für drei Personen. Meistens saßen hier Gäste, die dem Pianisten direkt auf die Finger schauen wollten. Nicht selten aber auch Besucher, die entweder „gesehen werden" oder aber einfach nur unter sich sein wollten. Letztere waren dann immer sehr erstaunt, wenn sich plötzlich noch der Pianist zu ihnen gesellte.

Am heutigen Abend saß Schlagersänger Matthias Reim mit seiner Frau an diesem Tisch und ich merkte, dass er sich über meinen „Dienstantritt" freute. Beide fand ich ausgesprochen sympathisch und konnte im Laufe der ersten Stunde sogar drei ihrer vier Musikwünsche erfüllen. Nachdem Reim mir auf den Tasten die Melodie des vierten Wunsches kurz angespielt hatte, war ich drin im Thema und „machte was draus", wie wir unter uns gerne zu gelungenen Improvisationen sagten. Im Publikum saß sonst niemand, den ich kannte, was selten vorkommt. Auch Dauergast Udo Lindenberg war nicht da. (Eine Zeit lang kamen die Gäste von weit her, nur um ihn einmal mit seinem Schlapphut an der Bar sitzen zu sehen.)

Plötzlich entdeckte ich die Schauspielerin Ruth Maria Kubitschek im Publikum. Sie unterhielt sich angeregt und immer wieder lachend mit einem Mann, den ich überhaupt nicht einordnen konnte. Aber ich bemerkte, dass er auf ganz bestimmte Musikstücke besonders reagierte, indem er mit einem leichten Blick zu mir ganz intensiv zuhörte. Eindeutig: Es waren die amerikanischen Jazz-Standards, die ihm besonders gefielen, insbesondere dann, wenn ich sie mit meinem „Walking Bass", meinem „wandernden Bass" in der linken Hand oder mit ausgefeilten Harmonien im „Errol Garner-Style" spielte.

Nun sollte man natürlich nicht den ganzen Abend mit nur einer Musikrichtung ausfüllen, um sich damit bei einem Gast besonders beliebt zu machen, sondern es gilt herauszufinden, ob es auch Liebhaber anderer Musikrichtungen gibt. In einem internationalen Haus wie dem „Atlantic" ist dies nicht allzu schwer. Für die Italiener spielst du ein wenig „Adriano Celentano", für die Griechen ein wenig „Alexis Sorbas", für die Ungarn etwas „Csárdás", den Damen etwas Clayderman und den Herren ein interessantes Blues-Gemisch. Auch die leichte Klassik darf nicht fehlen oder der gerade aktuelle Nummer-1-Hit, im dezenten Klavier-Arrangement, versteht sich.

Dem Erfolg als Unterhaltungspianist steht nichts mehr im Wege, wenn man sich an die Regeln hält: Lerne jeden Tag ein neues Stück, spiele so, dass man denkt, das Radio läuft im Hintergrund. Aber setze immer wieder kurze, akustisch hervorstechende Akzente, sodass jeder merkt, es läuft doch kein Radio.

Beschränke dich auf einen „Easy Listening-Stil" und spiele immer so, dass die Gäste sich ungestört dabei unterhalten können. Wenn die Leute bei dezenter Barmusik Konversation betreiben können, entstehen zu später Stunde die schönsten Abende mit den interessantesten Begegnungen.

Unvergessen ist für mich die großartige und jazzige Trompeten-Einlage von Wolfgang Schwalm, dem einen Part der beiden

Eines der wenigen Bilder mit Wolfgang Rademann, hier bei der Lagebesprechung für die Feierlichkeiten „25 Jahre ZDF-Traumschiff".

pfundigen „Wildecker Herzbuben" – oder auch im Lüneburger Hotel Bergström die spontane Gesangseinlage „All Of Me" der Tatort-Kommissare Manfred Krug und Charles Brauer. Das sind die Dinge, die richtig Spaß machen und die Menschen aus aller Welt zusammenbringen.

Ich spielte alles auswendig und ich liebte diesen Job. Egal, wie lange ich an den Tasten saß, es war wundervoll, meine rund 3.000 Stücke aus den Gehirnzellen immer wieder hin und her zu jonglieren, immer auf der Suche nach dem für diesen Augenblick richtigen „Atmosphäre-Greifer". Hier konnte ich alles, was mich bedrückte, für einen Moment vergessen. Das war immer wieder ein schöner Nebeneffekt: Wenn ich gut drauf bin an den Tasten, dann sind es meine Gäste am Ende des Abends ebenso, jede Wette.

Der Begleiter von Ruth Maria Kubitschek rutschte zunehmend

in seinem Sessel hin und her. Doch dann, nach etwa vier Stunden (!), stand er auf und kam zum Flügel. Als er sich erhob, kam dort, wo er gesessen hatte, eine Plastiktüte zum Vorschein, die nun nach vorne auf die Sitzfläche kippte. Erst viel später sollte ich erfahren, was es damit auf sich hatte.

Als er am Flügel ankam, lächelte er und fing gleich an zu reden. Ich brachte den amerikanischen Jazz-Standard, „Ain't Miss Behavin'", zu Ende und erfreute mich als Allererstes an seinem ungemein sympathischen Auftreten im tiefsten Berliner Dialekt. Er gab mir seine bescheidene Visitenkarte: „Wolfgang Rademann, Berlin, Telefon …" und machte mir überschwängliche Komplimente zu meinem Musikstil. Er könne alle Stücke, die ich bis jetzt gespielt hätte, mitsingen, und noch viele mehr. Meine Arrangements seien „spitzenmäßig".

Ich gab ihm im Gegenzug meine Karte und er antwortete: „Dufte, ick kenn Tausende, aber Sie will ick haben!"

Peinlich: Auch wenn ich seinen Namen nun kannte – ich wusste nicht, wer dieser Mann war, der im Hamburger Nobelhotel Atlantic neben „der Kubitschek" saß, nun vor mir stand und mich anheuerte. Später, zu Hause, recherchierte ich und war von den Socken: Das war der Rademann! Der Produzent unzähliger TV-Erfolgsserien, darunter die „Peter-Alexander-Show", „Anneliese Rothenberger gibt sich die Ehre", „Die Wencke-Myhre-Show" und natürlich die Dauerbrenner „Schwarzwald-Klinik" und „Das Traumschiff".

Als junger Bursche sah ich seine Sendung „Sing mit Horst Jankowski" und war einfach begeistert. Noch heute eröffne ich meine Konzerte mit Jankowskis „Schwarzwaldfahrt"[10].

Im Übrigen behielt der erfolgreiche Fernsehproduzent Wolfgang Rademann seinen freundlichen und lobenden Stil bei. Auch

---

10 *Schwarzwaldfahrt,* auf der CD von Waldemar Grab: Bin so gern auf Erden (siehe Anhang)

Peter Alexander beeindruckte mich so sehr mit seinem harmoniereichen Klavierspiel, dass ich nur bewundernd neben ihm stehen konnte. „Lass mich mal", sagte er, als er zum Flügel im Berliner Hotel Kempinski kam. Das ließ ich mir nicht zweimal sagen.

später, auf der MS Deutschland, kam der Sinatra-Fan und Liebhaber gepflegter amerikanischer Swingmusik immer wieder am Flügel vorbei und sagte zu denen, die in seiner Nähe waren, auf Urberlinerisch: „Dufte, det is der Beste, den se hier hab'n, det kann ick beurteilen." Ich musste lachen, aber ich freute mich, dass ich ausgerechnet ihm, der immer anderen etwas gab, mit meiner Musik eine Freude machen konnte. Allerdings musste ich mir damals schon eingestehen, dass es viele Spezialisten gab, auch und erst recht in der Unterhaltungs- und Jazzbranche, denen ich nicht das Wasser reichen konnte. Was war es also, was die Leute entzückte?

Den Dialog mit Wolfgang Rademann in der oben beschriebenen Hamburger Piano-Bar parodiere ich pointiert gelegentlich in meinen Konzerten. Die Begegnung selbst gehört zu den wichtigsten meines Lebens, weil durch sie gleich mehrere Weichen in eine neue Richtung gestellt wurden.

Ein wunderbarer Mensch und großartiger Swingmusiker: der Geiger Helmut Zacharias (li.), bei einem Gespräch in Berlin ...

Rademann war es, der mich mit den ganz Großen des Showbusiness zusammenbrachte. Grundstein hierfür war die im „Atlantic" ausgesprochene Einladung zu seinem 60. Geburtstag am 24. November 1994, an dem ich die musikalische Unterhaltung am Flügel zelebrieren durfte. Ein Abend, an dem ich mit Peter Alexander, Paul Kuhn, Helmut Zacharias, dem damals mit 91 Jahren noch recht jungen Johannes Heesters und vielen, vielen anderen zum ersten Mal zusammenkam und bis zum frühen Morgen gemeinsam musizieren konnte. Schmankerl des Abends: Susanne Juhnke, die sympathische Frau des Entertainers Harald Juhnke, hatte an diesem Abend so viel Freude an meiner Art, Klavier zu spielen, dass sie mit mir eine erste Stunde Klavierunterricht in Berlin vereinbarte, die jedoch wegen des bedauerlichen Krankheitsverlaufs ihres Mannes nicht mehr zustande kam.

… und Paul Kuhn (re.), für mich einer der ganz Großen der swingenden Piano-Unterhaltung. Mit ihm traf ich einige Male zusammen, unter anderem in meiner Eigenschaft als Präsident des Deutschen Pianistenverbandes, sowie hier bei einem Small Talk nach einem seiner Konzerte in der Kölner Philharmonie 2010.

Nachdem Wolfgang Rademann im Hamburger Hotel Atlantic das Gespräch am Flügel beendet hatte, holte er seine seit 1974 mit ihm liierte „Dame", wie er Ruth Maria Kubitschek nannte, galant am Platz ab, zeichnete dem Barkeeper eine Unterschrift in die Luft, als Signal, dieser solle die Getränke aufs Zimmer schreiben, und vergaß auch nicht, die geheimnisvolle Plastiktüte unter den Arm zu packen, bevor er, mir freundlich zunickend, die Bar verließ. In dieser Tüte verbargen und verbergen sich bis heute die jeweils aktuellen Zeitschriften der Boulevardpresse. Nur so konnte er so schnell über all die Eskapaden seiner Schauspielerschäfchen informiert sein. Ja, er war der „gute Hirte" für viele, die sich hier und da von der Herde trennten und verirrten. Ein Freund unter Freunden, par excellence.

Ist das nicht auch ein wenig „der Stoff, aus dem die Träume sind", wie Johannes Mario Simmel einen seiner Romane nannte? Ist es nicht das, was sich jeder Künstler wünscht, einmal „entdeckt" zu werden? Drei Jahre später saß ich als Pianist auf „Rademanns ZDF-Traumschiff"[11]. Ein Wunsch ging in Erfüllung, ein Wunsch, um dessen Erfüllung ich mich niemals bemüht hätte. Alles kam gleitend auf mich zu, ohne dass ich etwas dafür tun musste, außer authentisch zu wirken mit dem, was ich tat, und einfach nur gut Klavier zu spielen.

---

11 Die ZDF-Traumschiffe: 1981/82 MS Vistafjord; 1983/84 MS Astor; 1986-98 MS Berlin; seit 1999 MS Deutschland.

7. Futter für Neptun

Das Traumschiff MS Deutschland fährt an 365 Tagen im Jahr über die Weltmeere. Sieben Jahre lang war ich auf ihm zu Hause und ich durfte bei jeder Reise neu erleben, dass sich unzählige Menschen mit einer Fahrt einen lange gehegten Wunsch erfüllten. Die meisten von ihnen kommen wieder, werden also zu Stammkunden der Reederei, alle von dem Wunsch beseelt, die vorige Reise noch einmal zu toppen. Meist gelingt dies, denn mit jeder Reise, in der man fremdes Territorium erobert, setzt man dem bisher Erlebten noch eins drauf.

Was die Wünsche von Menschen angeht, war ich immer ganz erstaunt, welches Ritual Jahr für Jahr im Januar an Bord der MS Deutschland vollzogen wurde, nämlich dann, wenn die natürlich echte Weihnachtstanne begann, ihre allerletzten Nadeln zu verlieren.

Im Foyer vor dem Kaisersaal steht jedes Jahr zur Weihnachtszeit ein recht großer, festlich geschmückter Christbaum. Er wird Wochen vorher mit einem der Catering-Trucks mitgebracht und verbringt die Zeit bis kurz vor Weihnachten im Kühlhaus. Der Vorteil: Er sieht frisch aus wie am ersten Tag. Der Nachteil: Nach kurzer Zeit beginnt er zu nadeln. Doch er bleibt stehen, mit all seinem Schmuck, bis zum 6. Januar.

Am Neujahrstag bittet der Kapitän dann um Aufmerksamkeit und lädt die Passagiere zum Neujahrsempfang ein. Und alle, alle kommen, nicht nur wegen der Freigetränke.

Der Friseur hat alle Termine vergeben und die Weine für das Abenddinner sind bestellt. Die schönste Garderobe wird aus dem

Schrank geholt und – mit Verlaub – nicht nur bei den Herren erkennt man, dass jede Reise auch gleichzeitig eine kulinarische ist und ihren Preis hat – was die Konfektionsgröße angeht.

Die Schiffsoffiziere stehen wie am Schnürchen aufgereiht auf der Bühne, alle haben ein Glas Champagner in der Hand. Es ist ein Ritual, was niemand ändern kann, solange es Kreuzfahrtschiffe gibt. Das Schönste daran ist das „Synchron-Schwanken", wie wir es hinter den Kulissen nannten. Denn immer dann, wenn das Schiff sich leicht zur Seite neigte, neigten sich auch die Offiziere vorne auf der Bühne. Mal nach Backbord, mal nach Steuerbord. Das sah immer allerlustigst aus, doch der Reflex auf einer Bühne, die ganz vorne am Bug installiert ist, ist für alle, die dort stehen, anders als für die, die im Saal sitzen und zuschauen.

Der Brauch, den Kapitän Andreas Jungblut dann bekannt gibt, hat Tradition, denn alle Passagiere werden gebeten, auf kleinen Kärtchen ihren Wunsch für das neue Jahr zu vermerken. Ganz privat und anonym, versteht sich, denn die Kärtchen kommen in kleine Umschläge, die dann an den Ästen des Weihnachtsbaumes befestigt werden. Der Sinn der Sache: Meeresgott Neptun möge sich gnädig erweisen und all ihre Wünsche „erfüllen" …

Gänzlich andere Erfahrungen mit einem Neptun-Ritual habe ich während der immer wiederkehrenden Äquator-Taufen gemacht. Ich spielte in einem Theaterstück am Pool des Schiffes keinen Geringeren als den Meeresgott selbst, umgeben von Nixen, dem Kapitän, der mir den „Zündschlüssel des Schiffes" überreichte, einigen Helfern und dem meist echten Bordpastor, der die „Täuflinge" (Passagiere) mit Eiswasser zur Taufe rief. Es war immer ein Riesenspektakel, bei dem Passagiere und Crewmitglieder gerne mitmachten und im Bademantel in „Anbetung" vor mir, dem Meeresgott, niederknieten. Dieses Ritual stand immer dann auf der Tagesordnung, wenn wir den Äquator „nach oben" oder „nach unten" überquerten.

Einige Jahre lang spielte ich bei der Äquator-Taufe den Meeresgott Neptun, heute ein für mich zwiespältiges Schauspiel.

Ich habe damals zwar des Öfteren interveniert, wenn der echte Bordpastor mit einer echten Bibel die „falschen Täuflinge" nur so aus Spaß im Namen des Meeresgottes Neptun auf die Namen „Flotte Sprotte" oder „Grüner Hering" taufte, doch irgendwie hatte ich auch meinen Spaß daran.

Eine kritischere Sicht wurde erst in mir geweckt, als ich mein Leben ganz bewusst in die Hände Gottes gelegt und Jesus Christus als meine personliche Führungsperson anerkannt hatte. Mit diesem Schritt erkannte und erkenne ich gleichzeitig die Bibel als gültiges Wort Gottes an und diese missbilligt jede angedeutete Blasphemie, insbesondere dann, wenn sie von Gottes Bodenpersonal ausgeht.

Allerdings habe ich mich damals selbst mit der Darstellung des „Gottes" Neptun genauso in eine vor Gott nicht akzeptable Position gebracht, auch wenn es nur ein Theaterstück war. Die

Begründung fand ich im zweiten Gebot aus 2. Mose 20,4: „Du sollst dir kein Bildnis noch irgendein Gleichnis machen, weder von dem, was oben im Himmel, noch von dem, was unten auf Erden, noch von dem, was im Wasser unter der Erde ist" (rev. Lutherbibel).

Nachdem mir das klar geworden war, nahm ich mir vor, den Einsatz für alle folgenden Schauspiele aus Glaubensgründen abzulehnen. Aber, oh Wunder von oben, entweder war ich gerade auf Landurlaub oder man trat bis zu meinem Ausstieg zwei Jahre später einfach nicht mehr an mich heran, um diese Rolle zu übernehmen.

Zurück zu unserem weihnachtlichen Wunschbaum. Passagiere und Crew werden also jährlich am 6. Januar geladen, um in schwarzer Trauerkleidung zu erscheinen. Neptun sollte wieder Futter in Form von ein paar Hundert lebenswichtigen Wünschen erhalten. Sechs Tannenbaum-Sarg- und Sonnenbrillenträger, drei auf jeder Seite, mit schwarzen Hemden, Hosen und Schuhen sowie weißen Handschuhen bekleidet, hoben den „Wunschbaum" auf die Schultern, während die Bläser des Bordorchesters den Beerdigungsblues des Mississippi-Deltas, „Just A Closer Walk", intonierten. Auf Kommando setzt sich dann eine riesige Trauergemeinde in Gang, im Zwei-Sekunden-Schritttempo, laut schluchzend, mit diversen Getränkestopps. An meiner Piano-Bar „Zum Alten Fritz", hinten am Heck, wurde dann das Ende des Trauerzuges eingeleitet.

Während Hoteldirektor Willy Gebel das erste Fass Freibier anstach, übergaben die übrigen Offiziere unter tosendem Wirbel der Trommelstöcke feierlich die „Wünsche der Menschheit" an die Meeresgottheit Neptun, während sich die Weihnachtsbaumträger endlich ihrer Last entledigten und der Wunschbaum mitsamt den Briefumschlägen in den Meeresschlund gerissen wurde.

Bei der Rückkehr ins Schiffsinnere hatten die Stewardessen mit ihren Staubsaugern bereits alle Nadeln aufgesaugt sowie jede hinterlassene Spur vernichtet. Ganz so, wie auch die Wünsche des Wunschbaums ungelesen an der Schiffsschraube vorbei im Nichts verschwanden.

Ich habe immer große Freude an diesem Spiel gehabt, doch heute weiß ich: Wen auch immer die Menschen als ihre Gottheit anrufen, wenn es nicht Jesus Christus ist, wird der Angerufene ihr Leben nie zum Guten wenden oder ihre Wünsche erfüllen.

8. Der Walzerkönig

Ich war auf Landurlaub. Ein paar Wochen hatte ich nun die Chance, nach einer letzten stürmischen Reise mit Windstärken um die zehn, wieder den aufrechten Gang zu proben. Ein Vierteljahr lang hatten wir herrlichen Sonnenschein gehabt und die See hatte sich nahezu täglich die Auszeichnung verdient, glatt wie ein Ententeich zu sein. Doch kaum kamen wir wieder in heimatliche Gefilde, stürmte es. Gibraltar: ein einziger Regenguss mit hohem Wellengang. Das Wetter blieb so, bis wir ein paar Tage später in Cuxhaven anlegten. Ich war in Eile, denn ich wollte mich am Abend mit meinem Freund Matthias Spindler treffen, damals Vizepräsident des Deutschen Pianistenverbandes BFP e. V., dem Berufsverband Freischaffender Pianisten. Matthias ist Autor, Musikwissenschaftler, hat eine gute Stellung bei einem renommierten Plattenlabel und ist ein großartiger Pianist.

Sein hohes Fachwissen im klassischen Bereich macht ihn heute zu einem gefragten Spezialisten, der dem musikalischen „Cross-Over", das heißt der Verbindung zwischen der E- (ernsten) und der U-(Unterhaltungs-)Musik, alles andere als verschlossen gegenübersteht. Unser beider Hobby war damals neben dem Klavierspiel die Herausgabe einer eigenen Fachzeitschrift, die wir PianoMAG nannten. Es war unser Baby und wir liebten es. Zweimonatlich, durchgehend vierfarbig, Auflage 5.000. Alle zwei Monate saßen wir zwei Tage und zwei Nächte durchgehend zwischen Manuskripten, Fotoschachteln und einem Berg Pizza-Kartons und „zimmerten" unser Heft. Auch das hat uns als Freunde zusammengeschweißt.

Während ich im Jahr 2000 wegen meiner umfangreichen Reisetätigkeiten und einem internen Gesellschafterstreit nicht mehr als Präsident kandidierte, machte Matthias weiter.

Wir waren während meines Landurlaubs für den Abend in der Lysia-Piano-Bar im Lübecker Mövenpick-Hotel verabredet, einer gemütlichen Bar in unmittelbarer Nähe des Holsten-Tores am alten Stadteingang. Der dänische Generalkonsul und Hotelkönig Oscar Pedersen hatte für seine Frau Lys Assia, der Grande Dame des deutschen Schlagers, in der Hansestadt ein Hotel gebaut: das heutige Mövenpick Hotel Lübeck, damals Lysia-Hotel.

Lys Assia, im Jahr 1946 noch eine unbekannte Sängerin, sprang im berühmten Pariser Club „Champs-Élysées" kurzfristig für die erkrankte Josefine Baker ein und wurde über Nacht zum Star. In Deutschland war ihr bekanntester Hit „O mein Papa", bis 1964 folgten goldene Schallplatten, internationale Auftritte, Filmrollen und immer wieder neue Preise und Auszeichnungen. Dann stieg sie aus dem Showbusiness aus, denn sie erhielt von ihrem Mann ein recht außergewöhnliches Geschenk: das Lysia-Hotel.

Mövenpick hat das Haus nach dem Tod von Lys Assia übernommen und lobenswerterweise das Kulturerbe der Stadt erhalten: Die gut besuchte Piano-Bar des Hauses heißt bis zum heutigen Tag „Lysia-Bar".

Dort hatte Matthias also ein Engagement als Pianist übernommen und ich freute mich, ihn wiederzusehen und ihm zuzuhören. Außerdem kommt es selten genug vor, dass ich mich mit einem Getränk in eine Bar setzen und dem Klavierspieler lauschen kann. Und dann sogar noch einem guten Freund!

Es war Mitternacht, als Matthias sein Klavierspiel beendete. Die Bar war noch gut besucht und so bat er mich, doch noch ein wenig zu swingen. Wir tauschten also die Rollen, er war nun Gast und ich spielte ein paar Glenn-Miller-Titel auf einem Klavier, das sicherlich schon bessere Tage gesehen hatte. Doch irgendwie hätte ein perfekt intoniertes, auf 442 Hertz gestimmtes Instrument auch nicht in diese Bar gepasst.

Der Mann, der kurz nach halb eins in der Nacht die Bar betrat, war schlank, groß und hatte schulterlanges Haar. Ich sah nur kurz auf und da mir einige Gäste die Sicht zur Tür verdeckten, spielte ich weiter, ohne dem neuen Gast besondere Aufmerksamkeit zu widmen. Trotzdem registrierte ich, wie er sich einen Weg zur Bar suchte – besser gesagt: Er suchte ihn nicht, sondern die Leute machten ihm automatisch Platz, während er zum Tresen ging. So, als ob ein Staatsoberhaupt, vor dem man vor Respekt einen Schritt zurücktritt, die Piano-Bar betreten hätte. Matthias deutete mir mit einem Kopfnicken an, ich solle genauer hinschauen, und ich erkannte ihn: André Rieu, den „sympathischen Zaubergeiger", den „Enkel von Johann Strauß", den Walzerkönig, den Mann, dessen „Herz im Dreivierteltakt schlägt". Mir fiel ein, dass im Laufe des Abends jemand erzählt hatte, Rieu sei in der Stadt für Fernsehaufzeichnungen seines Weihnachtskonzertes.

Er bestellte sich etwas zu trinken, und nach wenigen Augenblicken war die in der Bar übliche Betriebsamkeit wiederhergestellt. Nur fünfzehn Minuten später ging er wieder. Ich spielte gerade einen Blues, das war's. Scheinbar unbeeindruckt verließ er die Bar.

Schade, dachte ich. War mein Repertoire nicht richtig? Hätte ich lieber den „Kaiserwalzer" spielen sollen? Sei's drum, es war schön, dass er reingeschaut hatte. So konnte ich wenigstens morgen meiner Sekretärin erzählen, ich hätte für den „Maestro André Rieu" gespielt!

Mittlerweile war es bereits Viertel nach eins. Matthias, dessen Dienstzeit schon längst vorbei war, und ich wechselten uns am Klavier ab und präsentierten den ein oder anderen Titel auch vierhändig. Wir hatten richtig Freude daran, wieder gemeinsam zu spielen, und die Gäste dankten es uns mit großem Applaus.

1.20 Uhr, es regte sich etwas am Eingang zur Bar. Etwa zehn

Der ehemalige CDU-Generalsekretär Dr. Heiner Geißler. Auch seine Familie ist hoch musikalisch. Hier bestaunt er die Erstausgabe unserer Zeitschrift PianoMAG am Frankfurter Messestand des Deutschen Pianistenverbandes. Links hinten: Der Konzertpianist Ratko Delorko, daneben eine Mitarbeiterin.

junge Männer und Frauen kamen herein und es war sofort zu erkennen, dass es sich um Musiker handelte: Die Männer hatten ihre Blasinstrumente in der Hand: Posaune, Waldhörner, Trompeten. Als Letzter kam der Meister selbst, zwar ohne seine Geige, jedoch mit dem festen Vorsatz, jetzt mit seinen Blechbläsern in „unserer" Pianobar eine Session zu veranstalten. Nichts mit Johann Strauß und English Waltz: Die Musiker setzten sofort ein ins „'s Wonderful" von George Gershwin und so hatten wir innerhalb von Minuten ein kleines Swing-Orchester geboren. Sie können sich diese Stimmung kaum vorstellen, aber diese „Session" war wirklich die schönste, die ich seit Langem erlebt hatte. Erst

Jahre später sollte ich mit dem amerikanischen Jazz-Trompeter und Entertainer Billy Mo, der in Deutschland 1962 leider nur mit seinem Lied „Ich kauf mir lieber einen Tirolerhut" einen Hit landete, noch einmal auf der MS Deutschland so etwas erleben.

Bis vier Uhr morgens spielten wir Swing vom Feinsten. Einige Gäste hatten gleich zu Beginn unserer Session die Bar aus Platzmangel verlassen, um im direkt angrenzenden Foyer des Hotels nach den alten Melodien ein Tänzchen zu wagen. Es dauerte nicht lange, bis auch schon die ersten Hotelgäste aus dem Lift kamen, einige sogar mit bettfeinen Lockenwicklern im Haar, andere im Bademantel – und alle schwoften mit. Keine Beschwerden. Ein unvergesslicher Abend!

In dem Getümmel ging leider auch das ein oder andere Glas zu Bruch und allen stockte der Atem, als sich André an einer Scherbe, die er vom Boden aufheben wollte, in den Finger schnitt. Nicht auszudenken, wenn seine goldenen Finger durch unseren Übermut Schaden davongetragen hätten. Aber er lutschte sich kurz das Blut ab, legte ein Stück Serviette auf die Wunde und lachte. „Alles okay", sagte er und weiter ging's. Als wir uns verabschiedeten, musste alles ganz schnell gehen. Umarmung hier und Küsschen da.

Kein Adressentausch, nur ein gegenseitiges Lächeln, das mehr als ein „Danke" ausdrückte. „Ich finde dich, wenn ich dich brauche, Waldemar", sagte André Rieu mit seinem flämisch-deutschen Dialekt, als er sich von mir verabschiedete. Ich hörte mich so etwas wie „Ich dich auch, André" sagen, alle lachten.

André Rieu hielt Wort. Ein gutes halbes Jahr später klingelte in meinem Büro das Telefon. Während ich in meinen Konzerten gelegentlich ein wenig Seemannsgarn einflechte und an dieser Stelle behaupte, dass meine Sekretärin nach dem Telefonat beatmet werden musste, war es in Wirklichkeit so, dass mein Büroleiter und Freund Francis das Gespräch entgegennahm und sagte: „André

Rieu für dich, Waldi." Er sagte es absichtlich so, als ob Herr oder Frau Müller-Meier am anderen Ende wäre.

„Waldemar? Hier ist André!" Ich erkannte ihn sofort, seinen Akzent, der wie der eines bekannten holländischen Showmasters klingt, und freute mich, dass er anrief. Nach einem kurzen, persönlichen Abfragen, wie es gehe, kam er dann auf den Punkt. „Kannst du nächste Woche nach Maastricht kommen? Ich brauche dich als Überraschungsgast!"

Ich kannte meinen Terminkalender, der war über Monate schon dicht. „Ich habe einige Termine, aber ich werde sehen, was ich tun kann. Ich rufe dich in zwei Stunden zurück!", antwortete ich und wartete, bis er nach einer kurzen Verabschiedung aufgelegt hatte.

Fragen Sie mich nicht, wie ich es geschafft habe, aber ein paar Tage später saß ich tatsächlich im Zug nach Maastricht, wo mich ein Chauffeur vom Bahnhof abholte. Er erklärte mir, dass wir uns auf dem Weg zum Privatschlösschen des Meisters befänden, wo eine große Musikgala stattfinden werde. Er müsse mich in der Garage absetzen, wo ich auf Herrn Rieu warten solle. Aber der Gastgeber hatte meine Ankunft schon erwartet und kam sofort, um mich zu begrüßen: Es seien einige Hundert wichtige Gäste zu einem Privatempfang geladen und er werde mich in etwa einer Stunde als Überraschungsgast ankündigen – „und dann ist Swing-Time", meinte er noch fingerschnippend, bevor er wieder nach oben entschwand.

Ich ging ein bisschen herum und schätzte sein kleines Schloss auf gut 10 000 m². In Holland war er schon viele Jahre ein gefragter Star, bevor er auch in Deutschland, Europa – ja, mittlerweile sogar in Amerika und Asien Fuß fassen konnte.

In der sogenannten Garage, wo ich auf ihn warten sollte, hatte unter anderem die Cateringfirma ihr logistisches Lager aufgeschlagen. Ich ließ mich mit kühlen Getränken und ein paar Häppchen verwöhnen. So hätte es ruhig noch eine Weile weitergehen können.

Dann war es so weit. André holte mich persönlich ab, ich richtete noch einmal meine Fliege, Noten hatte ich keine mit, und dann betraten wir locker das riesige Foyer seines Hauses. Kaum hatte ich den Raum betreten, johlten die Orchestermitglieder, denn sie hatten mich sofort wiedererkannt. André erzählte für die übrigen Gäste kurz unsere Begegnung in der Lübecker Piano-Bar und zeigte dann auf das Klavier. Teile seines Orchesters hatten schon Position bezogen und es war klar: „Die Session von Lübeck" sollte wiederholt werden.

Ich will es vorwegnehmen: Es gelang noch einmal. Normalerweise bin ich eher skeptisch, schöne, einmalige Dinge mit Vorsatz zu wiederholen, aber dieses Mal lief es wie am Schnürchen.

Die Erlebnisse mit André Rieu werde ich nie vergessen, sie haben mich sehr bereichert und mir pure Lust aufs Leben beschert.

Später habe ich mich immer wieder an eine Geschichte erinnert, die André hier und da erzählte. Sein Vater war klassischer Dirigent in einem Symphonie-Orchester, wo auch André die Geige spielte. Aber es machte ihm zunehmend keinen Spaß mehr, denn die Musik, wie er sagte, kam immer häufiger zu kurz. Glücklich sei er dort nicht gewesen und man hätte ihm das an seinem Gesicht und seinem ganzen Wesen abspüren können. In diesem Orchester ging es immer häufiger nur um Dienststunden, Urlaubs- und Feierabendregelung, Geld und Struktur einer Gewerkschaft usw. Das, worum es tatsächlich gehen sollte, nämlich das Vermitteln von großartiger Musik, geriet immer mehr ins Hintertreffen. Erst als Rieu das Orchester verließ und sich mit seiner Frau überlegte, sich selbstständig zu machen, sei er wirklich glücklich geworden.

Ich muss oft daran denken, weil ich immer wieder im Leben auf solche Umgestaltungen ursprünglich ehrenwerter und großartiger Ziele gestoßen bin, wo man, oft ohne Not, die Hauptsache nicht mehr als Hauptsache erkannte. Und ich traf immer wieder auch auf Menschen, die in diesen Strukturen verbittert und vergrämt gealtert waren. Diesen Menschen rate ich heute immer und ohne Umschweife, ganz gleich, in welchem Verhältnis sie bislang zu Gott standen, den Blick unverzüglich nach oben zu wenden, damit ein Augenkontakt zwischen ihnen und ihrem Schöpfer entsteht.

„Ich will dich unterweisen und dir den Weg zeigen, den du gehen sollst; ich will dich mit meinen Augen leiten", sagt die Bibel in Psalm 32,8. Dieses Angebot, das Gott uns Menschen macht, funktioniert nur bei „Blickkontakt"! Und das Wunderbare: Dieses Hilfsangebot gilt jedem Menschen, egal, ob er diesseits oder jenseits der Glaubensgrenze steht, egal, ob er glaubt oder nicht glaubt!

9. Das Sahnehäubchen auf dem i-Tüpfelchen

Seit ich im Berufsleben stehe, reise ich. Ein Leben ohne Reisetasche oder Koffer könnte ich mir nicht vorstellen. Selbst wenn ich nicht mehr als Pianist durch die Welt fahren könnte, mich zöge es trotzdem hinaus.

Mit der MS Deutschland sieben Jahre lang die Weltmeere zu durchkreuzen, war in der Tat das Sahnehäubchen auf dem i-Tüpfelchen meines quirligen Lebens, denn ich lernte, während der permanenten Weltumrundungen, die Metropolen dieser Welt an ihrem Lärm, die Meere am Geruch, die Skylines aus dem Effeff und den Charakter eines Volkes auf den Wochenmärkten zu erkennen. Und ich konnte nie genug haben von all dem; ich wollte einer Welt erliegen, die mich einband in ihre Kulturen und Religionen, die mich fesselten.

Dazu liebte ich das allabendliche Versinken im Adrenalinmeer des Applauses, das Baden in der Anerkennung der Menge. Es war ein Leben, das mich süchtig werden ließ, mich abhängig machte von Völlerei und Selbstverliebtheit, Egoismus und Hochmut.

Es war ein Leben im Fünf-Sterne-Status, dessen Luxus ich mir zwar hart erarbeiten musste, in dem ich mich aber dafür als Belohnung auch baden durfte. Doch es war letztendlich ein Leben ohne tieferen Sinn und wirkliche Perspektiven.

Was mich immer wieder neu antrieb, war die Freude über ständig neue Facetten unseres Trabanten Erde mit all seinen Überraschungen in der Natur, mit der Lust an der Welt der Reichen und Schönen, die bei mir einherging mit einer zunehmenden inneren und äußeren Ignoranz des Normalen.

Wurde ich in diese Welt nicht durch die immer wieder schicksalshaften Begegnungen meines Lebens hineingesogen? Oder war es am Ende kein Schicksal, sondern tatsächlich eine Führung durch eine höhere Macht? Möglicherweise hätte ich viel früher und auf viel direkterem Weg Evangelist werden und den Menschen das Evangelium Jesu verkünden können. Oft genug haben authentische und im Grunde beneidenswerte Christen mein Leben gekreuzt und bestimmte Situationen mich innehalten und nachdenklich werden lassen. Bin ich nicht immer wieder selbst ausgebrochen aus einem möglicherweise ganz anderen Lebensplan Gottes?

Aber das ist das Phänomen dieses Glaubens, dass jeder Mensch, ob Christ oder nicht, vor dem Schöpfer die Freiheit hat, seine eigene Entscheidung zu treffen. Und so betrachte ich meine Odyssee durch das Leben nicht nur als die Erfüllung und Befriedigung meiner Neugier auf Länder, Menschen und Kontinente, sondern auch als eine Art selbst gewählter Flucht vor der Sesshaftigkeit. Möglicherweise auch aus dem Wissen heraus, dass ich meinen Lebensstil gehörig ändern müsste, wenn ich mich tatsächlich Gott zur Verfügung stellte.

Gott hat mich gelassen. Auch die dummen, übereilten, egoistischen und völlig unnötigen Entscheidungen in meinem Leben, die falschen Prioritäten, die ständigen zwischenmenschlichen Kämpfe – Er hat mich gewähren lassen und mich all die Jahrzehnte bewahrt. Was jedoch nicht bedeutet, dass Gott alles gutgeheißen hat.

10. Mein erstes Klavier

Hier nur ein paar kleine Logbuch-Einträge der Vergangenheit, die mich ebenfalls sehr dankbar in den Tenor dieses Buches und meiner gleichnamigen CD „Bin so gern auf Erden" einstimmen lassen. Begebenheiten, die wie alle Schnipsel zu einem Ganzen gehören, das sich mir jedoch erst viele Jahre später erschließen sollte.

Immer wieder werde ich gefragt, wo ich denn Musik studiert hätte, und es gibt immer wieder verdutzte Gesichter, wenn ich antworte: „Nirgendwo."

Ich war fünfeinhalb Jahre alt, als ich bei den Großeltern in der Stube im neuen Schwarz-Weiß-Fernseher eine Sendung mit Peter Alexander, Paul Kuhn und Helmut Zacharias sehen durfte. Normalerweise reicht das Gedächtnis nicht unbedingt so weit zurück, aber in diesem Falle schon. Diese Musik faszinierte mich so, dass ich unbedingt ein Klavier haben wollte. Und, was soll ich Ihnen sagen: Zum sechsten Geburtstag erhielt ich es!

Ich stand im elterlichen Gemüsegarten, in dem damals die meisten Pflanzen größer waren als ich, als plötzlich mein Vater mit Traktor und Anhänger vorfuhr. Hintendrauf ein halbes Dutzend Männer, die ein Riesenetwas festhielten. Ich konnte nicht erkennen, was es war, denn sie hatten es mit Decken abgedeckt. An ein Klavier hatte ich schon längst nicht mehr gedacht.

Die Überraschung war groß und gelungen. Dieses zentnerschwere Instrument vom Wagen runter in die Wohnung zu tragen, war eine größere Sache, bei der sich am Ende zwölf Männer aus dem Dorf beteiligten. Die einen mit Kommandos und sonstigen verbalen Hilfestellungen, die anderen tatkräftig. Auch dass ich ordentlich ein paar hinter die Löffel bekam, blieb in meiner Erinnerung haften, denn während die Männer im Gänsemarsch das Monstrum zum Haus trugen, hüpfte ich herum und entlockte dem neuen Möbelstück mit allen zehn Fingern die ersten (grausigen) Töne. Auch meine Mutter stand, wie ich fand, mit dem Staubtuch im Weg, weil sie das Monstrum säubern wollte. Ich weiß, dass die Eltern dieses Instrument damals vom letzten gesparten Geld gekauft hatten, um mir eine Freude zu machen. Das werde ich ihnen nie vergessen.

Zwei Töne waren an diesem recht voluminösen Instrument jedoch defekt, denn wenn man sie betätigte, klopfte man sozusagen mit einem „Klock" auf Holz. Beim Auseinanderbauen der Klaviereinzelteile, was ich liebend gern tat, war schnell auszumachen, dass die beiden Saiten für die Töne ‚fis' und ‚cis" nicht mehr vorhanden waren. Besser gesagt, die jeweils drei Saiten, denn in diesem Spielbereich schlug der Hammer auf je drei gleichgestimmte Metalldrähte pro Ton.

Während mein Klavierlehrer, der jeden Montag ins Haus kam, mich mit einem „Waldemar, die fehlenden Töne denken wir uns", überreden wollte, die Sache so zu nehmen, wie sie war, biss ich auch bei meinem Vater auf Granit: „Ich stecke keine zehn Pfennig mehr in diesen Kasten, zeig erst mal, was du kannst!"

Dieser für mich unsägliche Umstand der fehlenden Saiten war es, der mir und meinem ganzen musikalischen Wesen Flügel wachsen ließ. Ich übte die Stücke so lange, bis ich einen Weg gefunden hatte, die beiden „Klock-Klock-Töne" zu umgehen. Und so spielte ich die Hausaufgaben einfach in einer anderen Tonart. Am Rande sei bemerkt: Ich war acht Jahre alt und kannte noch keine anderen Tonarten. Auch wusste ich nicht, was „transponieren" (also das Musikstück in eine andere Tonart zu setzen) ist. Es lief alles über meine Intuition – und es funktionierte! Ganz zum Leidwesen meines Klavierlehrers, der es nun überhaupt nicht mochte, wenn ich seine ausgewählten Stücke in einer anderen Tonart spielte als der originalen. Dass ich mit den Liedern jedoch nun ohne ein „Klock" auf den gelblichen Elfenbeintasten brillierte, darauf ging er niemals wirklich ein.

Nur dieser äußerst frühen musikalischen Weichenstellung habe ich es zu verdanken, dass ich im späteren Leben nie Probleme hatte, es eben ein wenig anders zu machen, als es auf dem Papier stand. Allerdings hatte ich auch Mühe, diesen Ursprungsfehler der defekten Tasten fis' und cis'' wieder aus meinem Gedächtnis zu entlassen, und umspielte noch lange Zeit später auch auf einwandfreien Instrumenten die beiden schwarzen Töne.

1968 trennten sich meine und die Wege meines Klavierlehrers, ich hatte keine Lust mehr an der Klassik, die mir jegliche Fantasie nahm, meine Stücke zu improvisieren. Und doch war dieser Mann für mich ein wichtiger Wegbereiter, denn ohne seine große Fachkenntnis und Geduld, ohne sein Charisma an den Tasten hätte ich musikalisch sicher nicht das erreicht, was ich erreicht habe. Es ist wie mit so vielen Dingen im Leben: Man weiß erst viele Jahre später, dass sich alle neuen Dinge erst aus der Erfahrung des alten entwickeln können. Nur wer sich mit der zurückliegenden Geschichte befasst, kann die Neuzeit deuten. Nur wer weiß, wie die alten Komponisten dachten und komponierten, kann mit ihrer Geschichte und ihren Liedern leben, kann die großen Konzerte geben.

In diesem Zusammenhang fällt mir die Geschichte ein. Preußens König Friedrich Wilhelm IV. weihte 1845 die Sternwarte der Bonner Universität ein, ging mit erhobener Brust auf seinen Sternwarten-Direktor Friedrich Wilhelm August Argelander zu und fragte ihn: „Nun, Argelander, was gibt es Neues am Himmel?" Dabei zeigte er mit jovialer Geste an die Kuppel der Sternwarte. Argelander zögerte kurz und erwiderte ergeben: „Mit Verlaub – kennen Majestät denn schon das Alte?"

11. Die Concorde

Während meiner späteren Zeit als Showpianist auf der MS Deutschland konnte ich die meisten Länder, die aus meiner Zeit bei der Flugbereitschaft auf meiner Weltkarte zu Hause bereits ein Fähnchen besaßen, noch einmal bereisen, nun jedoch von der komfortablen Wasserseite her. Ein Blick auf diese Karte genügt und es kommen die schönsten Erinnerungen hoch: Ich bin in griechischen Häfen Tretboot gefahren, habe in Jamaika nach Perlen getaucht, in Dubai ohne einen Cent in den teuersten Hotels gefrühstückt, in Lissabon mit meinem Hut für Straßenkünstler Geld gesammelt und bin in China italienisch essen gegangen. Ich war auf Samoa beim Delphinschwimmen und in Acapulco – nein, nicht beim Felsenspringen, sondern beim Ponyreiten. Wobei mein Pony eher ein ausgedientes Prachtstück eines Brauereibesitzers gewesen sein dürfte.

Eines darf ich Ihnen jedoch nicht vorenthalten, denn die nachfolgende Begebenheit brachte meinem Leben noch einmal eine ganz andere, unverhoffte Wende:

Seit Wochen freuten wir uns auf den Flug nach New York, um dort nach sechs Wochen Landurlaub wieder an Bord der MS Deutschland zu gehen. In New York sollte eine unserer denkwürdigsten, aber letztendlich auch interessantesten Reiserouten beginnen. Wir, das waren meine Freunde und Mitmusiker Rigo (Schlagzeug) und „Fuzzi" (Kontrabass). Wir sollten noch am Ankunftstag abends als Swing-Trio im Salon „Lili Marleen" den Auftakt dieser Reise mitgestalten. Wir verstanden uns musikalisch wie mit niemand sonst. Seit über zwanzig Jahren spielten wir in

Hamburg und Umgebung als das „Hanse-Swing-Quartett" für die High Society und überall begannen wir mit dem Intro aus der „Dreigroschenoper": „Mack the Knife" in der Jazzfassung von Louis Armstrong – so auch an Bord der MS Deutschland.

Ebenfalls seit Wochen hatten wir geplant, gegen einen Aufpreis anstatt mit einem Linienflug von Frankfurt mit der gecharterten Concorde von Paris aus zu fliegen. Unser Vorhaben gelang jedoch nicht. Nach einer zunächst erteilten Zusage kam Ende Juni 2000 die Mitteilung, dass die Maschine bis auf den letzten Platz ausgebucht sei und wir mit der Lufthansa fliegen sollten.

Am Flughafen in Frankfurt trafen wir dann eine Reihe von befreundeten Kollegen wieder, die ebenfalls zur MS Deutschland flogen. Auch etliche Passagiere erkannten uns, schließlich hatten wir damals schon rund dreißig Reisen mit dem Traumschiff hinter uns. Die „Deilmann-Familie" ist eben groß: Die MS Deutschland fährt mit einem durchschnittlichen Anteil an Wiederholungsfahrern von bis zu 85 Prozent!

Das heißt über die Hälfte der Passagiere ist schon einmal mit einem Schiff der Deilmann-Flotte gefahren, die damals aus fünfzehn Schiffen bestand!

Der Flug nach New York war entspannt und fröhlich. In unserem Kreis flog auch eine Dame mit, die mit ihrem Mann zum wiederholten Mal auf einem Deilmann-Schiff eine Reise machte. Doch diesmal hatte sie sich etwas Besonderes ausgedacht und ihrem Gatten zum Geburtstag einen Wunschtraum erfüllt: Sie hatte ihm ein Concorde-Ticket Paris-New York geschenkt! Bei ihrer Ankunft in der Metropole würde ihr Mann schon die Kabine auf der MS Deutschland bezogen, die Koffer ausgepackt und den ersten Begrüßungscocktail getrunken haben. Vielleicht hätte er, der leidenschaftliche Zigarrenraucher, sich auch schon die erste Zigarre angesteckt und genussvoll an seinen ersten Überschallflug gedacht.

Mit uns an Bord der Lufthansa-Maschine war auch eine fünf-

Rund tausend Mal eröffneten wir als „Hanse-Swing-Quartett" die Partys und Zusammenkünfte der oberen Zehntausend in Deutschland mit Louis Armstrongs „Mack the Knife". V.r.n.l.: Uwe Johst (Tenorsaxofon, Klarinette, Piano); Rigo Reksidler (Schlagzeug, Gesang); Heinz „Fuzzi" Matthies (Kontrabass) und Waldemar Grab (Piano, Gesang).

köpfige Familie aus der Schweiz. Sie eilten etwas gestresst nahezu in letzter Minute an Bord des Flugzeugs. Wie sich herausstellte, hatten sie den Anschlussflug nach Paris verpasst und somit auch die Concorde.

Nichts am gesamten Ablauf der Reise deutete darauf hin, dass wir in wenigen Stunden mit einem der schrecklichsten Flugzeugunglücke der Luftfahrtgeschichte konfrontiert werden würden.

Da lag sie nun unter uns, New York, die Stadt aller Freiheiten und Träume. Unzählige Wolkenkratzer waren zu sehen, als wir die Wolkendecke durchflogen. Obwohl der Pilot meldete, dass es in New York seit Tagen „Cats and Dogs" regnete, war die Sicht von oben klar. Man sah das Rockefeller-Center, das World Trade Center, das ein Jahr später durch einen Terroranschlag in Schutt und Asche gelegt werden sollte, und man sah ganz klein die Straßenquadrate von Manhattan.

Ich kannte New York noch nicht. Zumindest nicht richtig. Während meiner Zeit bei „Schmidt und Genscher" war ich oft in New York, allerdings bekamen wir wegen der ständigen Rufbereitschaft damals nicht viel mehr als den Flughafen und die Hotelbars zu sehen.

Jetzt also würde ich die „Hauptstadt der Welt" nicht aus der Luft, sondern auf dem Seeweg besuchen. Ein spannendes Unterfangen würde das werden, jeder der Passagiere freute sich auf diese Stadt, die kein anderer so besingen konnte wie Frank Sinatra mit seiner Interpretation von „New York, New York".

Während des zehnstündigen Fluges machten wir Pläne und überlegten, ob wir Zeit genug haben würden, in den Central Park zu gehen. Die grüne Lunge, so beschreiben sie die Reiseführer, ist mit ihren dreihundert Hektar größer als das Fürstentum Monaco.

Die Stadt ist einfach eine Weltmetropole, nicht vergleichbar mit anderen Städten und Kulturen. In China-Town fühlen sich die Chinesen wie zu Hause, in Greenpoint die Polen, in Brighton Beach die Russen und in Washington Heights die Deutschen.

Ken Auletta, Kolumnist des „New Yorker", beschreibt seine Stadt laut „National Geographic Traveler" so: „Los Angeles steht für Hollywood, Pittsburgh für Stahl, New Orleans für Jazz, Detroit für Autos, Washington für die Regierung, Zürich für Banken. New York kann man nicht festlegen. Hier sind einige Straßen schon Sinnbilder für ganze Wirtschaftszweige: die Wall Street für Finanzen, die Madison Avenue für Werbung, die Fifth Avenue für Shopping, der Broadway für Theater, die Seventh Avenue für Mode."

Nach der Landung brauchten wir uns um das Gepäck nicht zu kümmern, es wurde automatisch bis zur MS Deutschland weitergeleitet. So traten wir gut gelaunt, nur mit unserem Handgepäck über der Schulter, in die riesige Haupthalle des JFK-Airports in New York. Wir wurden bereits erwartet: Ein halbes Dutzend Kameraleute und Fotografen stürmten auf uns zu. Sie hatten uns wohl daran erkannt, dass einige Reederei-Mitarbeiterinnen ein Schild mit dem Hinweis „MS Deutschland" hochhielten, um von den im Flughafengebäude verteilten Passagieren oder Crewmitgliedern schneller gesehen zu werden.

Innerhalb von Sekunden ging ein Tumult los, wie ich ihn selten erlebt habe. Reporter von allen großen, weltweit vertretenen Sendestationen riefen uns Fragen zu, die wir nur zur Hälfte verstanden. Aber eines wurde immer wiederholt: „Was sagen Sie zum Concorde-Absturz in Paris? Hatten Sie Freunde an Bord? Werden Sie jetzt weiterfahren?" So langsam erhielten wir durch Nachfragen die Information, die uns schockierte und noch monatelang beschäftigte: Die von der Reederei gecharterte Concorde war kurz nach dem Start in Paris explodiert. Alle 113 Passagiere und Besatzungsmitglieder waren ums Leben gekommen.

Im Bus wurden wir mit einer Eskorte direkt zum Schiff gebracht. Elf Künstler und 39 Passagiere saßen geschockt in ihren Sitzen und schauten durch die beschlagenen Fenster auf die regennassen Straßen New Yorks. Diejenigen, die die Stille nicht ertragen konnten, diskutierten und spekulierten. Die meisten besaßen ein Handy, das auch in den USA funktionierte, und riefen zu Hause an. Ich tat es auch.

Alle, die ich sprach, waren in größter Sorge. Zu Hause wussten sie nur, dass wir nach New York geflogen waren, aber nicht, mit welcher Maschine. Die Fernsehsender berichteten von nichts anderem. Auch der Reeder, Peter Deilmann, hatte bereits mehrere Statements vor der internationalen Presse abgegeben. Was für eine schwierige Aufgabe für den Eigner, dieser Schritt vor die Presse. Francis, mein Freund und Geschäftspartner aus Hamburg, berichtete von über fünfzig Anrufen in den ersten Stunden nach dem Unglück. Anrufer, mit denen wir regelmäßig zusammenarbeiteten, aber auch viele, zu denen wir seit Jahren keinen Kontakt mehr gehabt hatten.

Es regnete, wie angekündigt, in Strömen. Auch vor dem Schiff hatte sich ein Pulk von Kamerateams aufgebaut. Endlich, endlich, nach minutenlangem Trommelfeuer an Fragen waren wir in den Schutz des Schiffes getaucht. Jeder von uns hatte eine Außen- und Einzelkabine, was mich freute. Der ewige Kampf um ordentliche Kabinen für meine Mitmusiker musste heute also nicht gekämpft werden.

Ich bezog wie immer meine auf Deck 5 gelegene Luxuskabine, perfekt, mit allem Drum und Dran. Ich nannte sie für mich die „meine Eigner-Suite", denn neben den gelegentlichen Ausflügen in leer stehende Suiten bekam ich, vertraglich festgelegt, immer diese Kabine, die 5081.

Der Fernseher war auf den Willkommenssender der MS Deutschland programmiert. Sofort zappte ich weiter zu den Nachrichtensendern, um mich endlich zu informieren, und sah nun auch die ersten Bilder. Ich hatte meine Jacke noch an und saß so, wie ich angekommen war, im Sessel meiner Kabine. Es klopfte und ich merkte, dass ich wohl kurz eingenickt war. Wieder klopfte es und ich öffnete die Tür. Es war Kreuzfahrtdirektor Peter Jurgilewitsch. Er trug seine weiße Uniform und auf den Schulterblättern glänzten drei goldene Streifen. „Waldemar", sagte er, „du hast ja bereits gehört, was passiert ist. Wir haben noch nicht alle Informationen, im Grunde wissen wir nur das, was die Nachrichten bringen. Bitte informiere deine Jungs, dass sie keine Interviews geben, dies bleibt den Offizieren und dem Reeder vorbehalten. Alle Showprogramme sind bis auf Weiteres abgesagt, aber es ist möglich, dass ich dich doch noch brauche. Macht irgendwas, vertretet euch am besten noch ein paar Stunden die Beine und ab 18 Uhr hältst du dich auf Abruf bereit. Das Künstlermeeting ist morgen früh um 11 Uhr, dort gebe ich weitere Instruktionen."

Wir gaben uns die Hand und wussten, dass die nächsten Tage nicht leicht werden würden. Da die Koffer noch nicht in der Kabine waren, packte ich mein Handgepäck aus.

Mir fiel dabei die kleine Kachel in die Hand, die mir eine Freundin vor Monaten geschenkt hatte. Sie wusste zwar, dass ich nicht viel von diesem „Zeug" an mich heranließ, aber die in diese Kachel eingebrannten Zeilen lauteten: „Der Herr hat seinen Engeln befohlen, dass sie dich behüten auf all deinen Wegen!" Psalm 91,11.

Ich klopfte an Rigos Kabinentür und wir gingen gemeinsam ein paar Blocks in Richtung Manhattan. Wir redeten nicht viel, denn wir standen noch immer unter dem Eindruck dieses furchtbaren Ereignisses. Was wir an diesem Nachmittag machten? So widersprüchlich es klingen mag, aber wir kümmerten uns darum, in New York ein paar stadttypische Krawatten zu bekommen.

In jedem Land kaufen wir uns landestypische Binder und New York fehlte uns noch in der Sammlung. Damit stieg unsere Anzahl an verschiedenen Krawatten auf 111, das mal vier, denn jeder in der Band bekam natürlich eine, macht immerhin 444. Für Uwe, unseren Saxofonisten, der nicht mit an Bord war, nahmen wir auch eine mit.

Die Straßenquadrate von Manhattan waren leicht zu verstehen und man fand sich schnell zurecht. Aber auch in den Straßen von New York verfolgte uns das Geschehen: Auf Riesenleinwänden, auf denen sonst Werbespots liefen, wurde das aktuelle Tagesgeschehen ständig wiederholt.

Irgendwie unwirklich kam mir das vor: Während auf dem riesigen Bildschirm das Unglück immer wiederholt wurde, stand unterhalb der Leinwand ein recht großes Modell der Concorde, als Werbung der Air France für die Flugroute New York-Paris.

Es regnete immer noch. Wir nahmen uns ein Taxi und fuhren zur Carnegie Hall. Die allerdings war wegen Renovierung für vier Tage geschlossen. Also zurück zum Schiff, Koffer auspacken.

Die Bars waren, als wir zurück auf das Schiff kamen, gut besetzt. Überall kleine Gruppen und alles drehte sich nur um ein Thema: der Absturz der Concorde. Glücklich und erleichtert war die Familie, die den Flug nach Paris verpasst, unbeschreibliche Trauer erlebte die Dame, die ihrem Mann das Concorde-Ticket zum Geburtstag geschenkt hatte.

Auch das Ehepaar Peter und Gerti Klinkenberg hatte mit der Concorde fliegen wollen. Peter Klinkenberg war unter anderem Produktionsleiter der ZDF-Sendungen „VIP-Schaukel" mit Margret Dünser, der „Starparade" mit Rainer Holbe, „Der große Preis" mit Wim Thoelke und Hans-Joachim Kulenkampff sowie der Sendung „Wetten, dass …?" mit Frank Elstner. Gerti Klinkenberg war zwanzig Jahre lang die rechte Hand des Redaktionsleiters Gerd Bauer, der wiederum die redaktionelle Verantwortung für die „Peter-Alexander-Show" sowie die Sendung „Anneliese Rothenberger gibt sich die Ehre" hatte. Unter Peter Klinkenbergs Leitung entstand mit Wolfgang Rademann auch die legendär gewordene Serie „Die Schwarzwaldklinik" und die noch immer erfolgreiche Reihe „Das Traumschiff".

Auch Gerti und Peter Klinkenberg hatten von der Reederei Tickets für einen Concorde-Flug erhalten, allerdings für die ein paar Stunden früher fliegende Linienmaschine der Air France. Wenige Tage vor Reisebeginn wurden die beiden telefonisch von der Reederei gefragt, ob sie mit der Chartermaschine der Concorde (der späteren Unglücksmaschine) fliegen würden. Der Grund: Ein Ehepaar, das einen Flug mit diesem Flieger gebucht hatte, wollte gerne mit Freunden zusammen sein, die den Linienflug nehmen würden, und fragte daher, ob ein Tausch möglich sei.

Es war Gerti Klinkenberg, die nach einer Zeit des Überlegens absagte. Intuition? Beide erhielten die Nachricht des Absturzes erst, als sie schon längst in New York waren.

Wir unterhielten uns viele Monate später über die Gefühle, die sie in der Erinnerung an die Concorde empfanden: „Wir haben zwar vieles verarbeitet, aber bei mir gehen immer wieder die Sekunden durch den Kopf, in denen die Menschen ganz bewusst ihre letzten dreißig Sekunden erlebten", sagte Gerti Klinkenberg. „Wir leben seitdem mit einer ganz anderen Grundeinstellung", ergänzte ihr Mann, „ich erinnere mich noch an eine Begebenheit. Wir waren schon längst wieder zu Hause. Ich ging morgens zum Bäcker und auf dem Rückweg nach Hause war ich über den Sonnenaufgang, das Vogelgezwitscher und über die Schönheit des Augenblicks so dankbar und überwältigt, dass mir die Tränen in den Augen standen." Er nahm die Hand seiner Frau, die offen von einem Schutzengel sprach, und man spürte in diesem Augenblick, wie sehr sie dieses Erleben noch dichter zusammengeschweißt hatte.

Das Unglück geschah am Mittwoch, dem 25. Juli 2000. Erst vier Tage später konnte die MS Deutschland die USA verlassen und fuhr langsam aus dem New Yorker Hafen heraus. Vorbei an der Freiheitsstatue, die nicht so groß ist, wie man sie vielleicht von Bildern her vermutet. Über uns zwei Hubschrauber der örtlichen TV-Station und der NBC. Sie filmten, während wir an Deck standen, die Ausfahrt. „Das Schiff der Trauer verlässt den Hafen" hieß es am nächsten Tag in der New York Times.

Behutsam wurde der musikalische Betrieb an Bord wieder aufgenommen. Am Tag des Auslaufens erhielt ich etwa zwanzig Minuten vor dem Trauergottesdienst ein Fax, auf dem die Nachricht stand, dass auch zwei Mitglieder aus meiner Verwandtschaft in der Concorde gesessen hatten.

Es war ein Gedenkgottesdienst, wie ich ihn auf dem Traumschiff selten erlebt habe. Der Kaisersaal war trotz der fehlenden hundert Passagiere voll besetzt. Es hatte sich auch der nicht arbeitende Teil der Crew eingefunden. Als Bordpastor war Pfarrer Walter Grunwald an Bord, der sehr einfühlsam auf die Begebenheit einging. Ich durfte das Künstlerehepaar Hugo & Nicole aus Belgien bei dem Lied „Amazing Grace" am Flügel begleiten. Nach der Predigt sang ich drei Strophen aus Dietrich Bonhoeffers „Von guten Mächten wunderbar geborgen", nach der Melodie von Siegfried Fietz. Der Reeder selbst, Peter Deilmann, hatte sich dieses Lied gewünscht, und als ich es am Flügel sang, lag durch die Summe aller Gottesdienstbeiträge solch eine dichte, emotionale Atmosphäre in der Luft, dass kaum jemand ohne Tränen war, ich eingeschlossen.

Anmerkung am Rande: Seit ich nach meiner Ausbildung zum Evangelisten[12] auch in die christliche Musikszene eintrat, treffe ich immer wieder auch auf Siegfried Fietz. Es gibt kaum einen anderen so vielseitigen Künstler in der kirchlichen Welt, der so erfolgreich ist und so einmütig von allen Kolleginnen und Kollegen geschätzt wird wie er. Im Frühjahr 2011 war ich für den AWARD der christlichen Musikszene als „Künstlerpersönlichkeit des Jahres" nominiert und gleich zu Beginn des Abends konnte ich mich mit Siegfried Fietz freuen: Er erhielt den Award für sein Lebenswerk!

Der Vorfall mit der Concorde machte mir zu schaffen. Da war ich doch irgendwie dem Tod von der Schippe gesprungen, als meine beiden Mitmusiker und ich von Gisela C., der ehemaligen Künstlerbetreuerin der Reederei, auf eine andere Maschine gebucht worden waren, weil eine Reisegruppe aus dem Bergischen Land die restlichen freien Plätze beanspruchte. Die Freude über das persönliche Überleben überwog, denn irgendwie stand ich doch mit all meinen beruflichen Erlebnissen und privaten Kontakten scheinbar auf der Sonnenseite des Lebens!

Und obwohl der mangelnde Kontakt ins heimatliche Büro zur Folge hatte, dass ich nicht mehr alles, was dort geschah, überblicken konnte, hatte ich hier auf dem Schiff die Möglichkeit, alles zu durchdenken, Geld zu verdienen und mich auf meinen Beruf zu konzentrieren: Showpianist auf der MS Deutschland!

---

12 Bibelschule Neues Leben-Seminar, Wölmersen; diverse Seminare BFU-Bibelfernunterricht e. V. Worms; Seminare Biblisch-therapeutische Seelsorge (BTS), Freudenstadt, u. a.

Dass dies auf eine recht elegante Art geschah, war eine Begleiterscheinung, die ich nicht immer und zu jeder Zeit zu schätzen wusste. Manches Mal wäre ich gerne nach Hause geflogen, um häufiger mit meinen Freunden dort zusammen zu sein. Trotzdem war dieses Hin- und Hergerissensein eine Phase des Lebens, die ich niemals missen möchte, denn sie stärkte meine Fähigkeiten, rasche Entscheidungen zu treffen und das Vergangene zumindest temporär abzustreifen.

Inzwischen habe ich gelernt, Probleme des täglichen Alltags zu analysieren, im Gebet abzugeben und mit Gottes Hilfe zu bewältigen. Zwei Verse aus der Bibel sind mir dabei immer wieder wichtig. Zum einen der Ausspruch des Königs David, niedergeschrieben in einem seiner Lieder, in Psalm 37,5: „Befiehl dem Herrn deine Wege und hoffe auf ihn, er wird's wohlmachen" und zum anderen den Lehrsatz seines Sohnes Salomo in Sprüche 16,3: „Befiehl dem Herrn deine Werke, so wird dein Vorhaben gelingen." Ich habe erfahren: Wer danach lebt und der Macht Gottes sein Leben, seine Wege und seine Werke anvertraut, dem geht es tatsächlich „wohl". Damals waren mir dieser Glaube und diese Verse noch nicht bekannt.

Wochenlang grämte ich mich, was dieses „Vorbeischrammen am Tod" wohl für mich zu bedeuten hatte. Durch die vielen Jahre meiner Reisedienste, insbesondere in der Flugbereitschaft und mit der MS Deutschland, hatte ich mich von der Welt einbinden lassen in die Kulturen, Sitten und Religionen. Alles hatte zwar eine Grenze für mich, die da lautete: „Nur nicht zu sehr vereinnahmen lassen", doch im Laufe der Zeit hatte ich mir aus allen mir damals wichtigen Religionen das für mich Wesentliche herausgezogen. Ich merkte, wie ich innerlich durstig war nach bestimmten Wahrheiten und gab in den Jahren Tausende von Dollar für Literatur darüber aus. Wenn Sie damals in meine Berliner Wohnung gekommen wären, hätte Sie eine mannshohe Buddha-Statue begrüßt, ein Stück weiter stand ein indischer Elefant, im Wohnzimmer Wandteppiche und Meditationskissen. Esoterische Leuchten mit wechselnden Farbspielen, ein Kreuz – es war alles vorhanden, womit ich meine durch viele zwischenmenschliche Eskapaden geschundene Seele hätte freikaufen können, aber irgendwie fand ich den Zugang nicht. Wie bereits auf den ersten Seiten dieses Buches erwähnt – ich nahm mir nur das Beste:

„Von der Esoterik ein Stück Gefühle, von den Juden ein Stück Gesetzmäßigkeit, vom Islam ein wenig Gottesrespekt, vom Dalai Lama ein paar gesunde Weltanschauungen und vom Christentum erstrebte Heilsgewissheit."

Doch die Entscheidung, welches gelebte Stück Humanismus der verschiedenen Ideologien und Religionen mich jeweils für den Tag „selig" werden ließ, machte mich im Laufe der Jahre irgendwie meschugge. Gepaart mit einer zunehmenden Portion „Zeichengläubigkeit" hieß das: Ich wurde in steigendem Maße abhängig; ich konnte nur noch Entscheidungen treffen, wenn es die Zeichen aus der unsichtbaren, mystischen Welt zuließen.

Das ging so weit, dass mir sogar das Flackern einer Kerze, das Wackeln eines Vorhangs, das Klingeln eines Telefons oder das grüne Auto beim Überqueren der Straße schon genügte, dieses als „Wink von oben oder irgendwo anders her" anzuerkennen.

Doch es gab auch sogenannte Zeichen, die ein anderes Kaliber hatten, zum Beispiel der Absturz der Concorde. Was hatte das für mich und mein Leben zu bedeuten? Hatte es überhaupt etwas zu bedeuten?

Monate vergingen. An Bord war schon nach Wochen wieder die „Normalität meines surrealen, traumhaften Lebens" eingekehrt. Der Mensch ist einfach Meister in der Verdrängung unguter Geschehnisse und Erfahrungen. Oder ist es eher ein gutes, die Gesundheit förderndes chemisches Zusammenspiel im menschlichen Körper, das ein Schöpfer als Schutzmechanismus eingebaut hat?

Ich freute mich wie sonst nie auf den Landurlaub. Auf ein paar

Tage in Hamburg oder Berlin. In meinem Größenwahn liefen hier zwei satte Mieten monatlich weiter, obwohl ich rund zehn Monate im Jahr für die Reederei unterwegs war. Hauptsache, ich konnte sagen, zwei Wohnsitze zu haben! Ich gestehe, das war eine meiner großkotzigen Aktionen, unnötig wie ein Kropf.

Doch die Freude an Land hielt nicht lange, die Reederei bat mich, eine Reise zu verlängern, um „Samoa" noch „mitzunehmen".

12. Das verpasste Taxi

Im Jahr 2001 verrichtete ich für die Reederei eine Saison lang meine pianistischen Dienste auf der „MS Casanova". Wöchentlich ging es auf dem Fluss Po von Venedig nach Cremona und zurück. Dort konnte ich nicht nur mit dem phänomenalen Schauspieler und Musiker Ulrich Tukur gemeinsam die medienwirksame Taufe dieses Fünf-Sterne-Flussschiffes vollziehen, sondern auch einige Monate lang mit einer großartigen Crew in einem der schönsten Landstriche Italiens meine Arbeit tun, denn Hand aufs Herz: Wer würde nicht gerne für ein paar Monate in Venedig leben?!

Später trafen Ulrich Tukur und ich uns auf der MS Deutschland wieder, wo er mit seiner überaus genialen und stilvollen Tanzkapelle „Rhythmus Boys" den Kaisersaal zum Kochen brachte. Sein Humor war pointenreich: „Die Zeiten sind schlecht, auch der Kaviar ist teurer geworden …" Ich bin dankbar, mit dem sympathischen Kerl viele Tage durch die Welt geschippert zu sein und Spaß gehabt zu haben!

Unter der Führung des Hoteldirektors Siegfried B., der später als Bar-Manager auf die MS Deutschland ging, war die Stimmung an Bord der MS Casanova bestens. B. hatte wahrlich keinen leichten Job, denn gerade in den ersten Wochen gab es hauptsächlich mit den italienischen Lieferanten Probleme mit einer für den Fünf-Sterne-Status zwingend notwendigen Kontinuität im Qualitätsangebot. Sie lieferten, was das Zeug hielt, aber eben unterschiedliche Sorten von Brot und Wein. Kaum hatten sich die Gäste an die eine Sorte gewöhnt, war die schon wieder alle und es gab etwas anderes. Das war weder sein noch der Reederei Verschulden, doch die Kritik prasselt natürlich immer auf den vor Ort Verantwortlichen nieder.

Nach einigen Wochen kam ein weiteres Crewmitglied an Bord der Casanova: Peter R.[13] sollte an der Rezeption die administrativen Aufgaben entlastend übernehmen. Wir freundeten uns rasch an und hatten bis zu meinem Abschied im Spätsommer viele gute Reiseeindrücke von Venedig und auch voneinander gesammelt.

Ich flog weiter nach New York, obwohl die Reederei gerne gesehen hätte, dass ich in Venedig geblieben wäre. Doch wenn ich schon die Wahl habe, was nicht so oft vorkommt, entscheide ich mich für die Weite, also für das wahre Traumschiff „MS Deutschland".

Dort traf ich Monate später Peter R. wieder, als er mit dem befreundeten Kapitän Lutz[14] auf der MS Deutschland hospitieren durfte. Sozusagen als Geschenk des Reeders, der die beiden aufgrund guter Leistungen aufs Traumschiff eingeladen hatte. Den ganzen Abend lang saßen sie nun in meiner Piano-Bar „Zum Alten Fritz", in der ich bis zum Dienstschluss spielte. In den Pausen unterhielten wir uns und tauschten Erinnerungen und Pläne aus.

Als die Bar sich leerte, machte Kreuzfahrtdirektor Franco Wolff den Vorschlag, noch in die Bar „Lili Marleen" auf Deck 6 zu gehen, dort sei noch was los. Wir zogen also mit ihm. Ein Blick von Franco deutete unmissverständlich darauf hin, dass ich auch hier noch an den Flügel sollte. Kapitän Andreas Jungbluth und Hoteldirektor Willy Gebel hatten sich ebenfalls dazugesellt und der Abend ging, wie so oft, doch erst wieder gegen vier Uhr am Morgen zu Ende. Meine spontanen melodiösen Dichtkünste über die Namen der Anwesenden sorgten für Gelächter, nach einer Weile dichteten alle mit und so kam reihum jeder einmal dran. Peter

---

13 Name geändert
14 Name geändert

und ich hatten uns für den nächsten Morgen locker verabredet, denn er wollte mit Kapitän Lutz die Insel erkunden. Wenn ich also Lust hätte mitzukommen, solle ich um 8 Uhr an der Reling sein.

Der alles verändernde Schluss ist leider schnell erzählt: Ich stand um 8.15 Uhr an der Reling, die beiden fuhren gerade mit dem Taxi los. Vier, fünf Stewardessen standen draußen und winkten ihnen nach. Mit „Fuzzi" (Heinz Matthies), meinem Kontrabassisten, der wie in allen Häfen wieder einmal Ansichtskarten und ein Angelgeschäft suchte, rief ich ein weiteres Taxi. Wir hatten jedoch nicht das Glück, die bereits losgefahrenen Freunde unterwegs zu treffen.

Am Nachmittag kamen wir wieder am Schiff an und fanden eine Crew vor, die mich an das Bordklima in New York nach dem Concorde-Absturz erinnerte. Es musste etwas passiert sein! Susanne an der Rezeption klärte uns auf: Das Taxi mit Peter und Kapitän Lutz hatte sich beim Aquaplaning überschlagen. Peter lag im örtlichen Krankenhaus im Koma, der Kapitän hatte den Unfall nicht überlebt.

Viele weinten. Meine Knie wurden weich. Ich setzte mich in die Bar, wo wir bis in die Morgenstunden miteinander fröhlich waren, und trank einen doppelten Espresso und einen ebensolchen „Captain Monk". Die ganzen Bilder des gestrigen launigen Abends in der Bar „Lili Marleen" wechselten sich ab mit dem Gedanken an die grausame Realität. Ich ging zur Kabine und starrte in die Unendlichkeit des Meeres, auf das ich auf meiner Backbordseite blicken konnte.

Nach einer halben Stunde ging ich wieder nach oben, um dabei zu sein, wenn es Neuigkeiten gab. Kapitän Andreas Jungbluth und Kreuzfahrtdirektor Franco Wolff waren unterwegs, um bei der Polizei, den Behörden und auch im Krankenhaus die Dinge zu regeln, die notwendig waren. Der unverletzt gebliebene Taxifahrer hatte überlebt und so wie Franco später berichtete, bekam er bereits auf dem Polizeirevier von den Beamten ordentlich Dresche für sein Vergehen, dass er mit abgefahrenen Reifen und überhöhter Geschwindigkeit bei Regen gefahren war und diesen tödlichen Unfall verursacht hatte.

Um 18.30 Uhr sollte das Schiff ablegen, um 18.00 Uhr waren die beiden Offiziere noch nicht zurück. Das schreckliche Ereignis hatte sich schon bei den Passagieren herumgesprochen. Ich war zwar an meinem Arbeitsplatz am Piano, doch die dienstliche Order lautete, erst einmal nicht zu spielen. Im Kaisersaal versuchte sich das Orchester an einer dezenten Untermalung für die dort verweilenden Gäste.

Barkeeper Hans versorgte mich mit Hochprozentigem und stellte dies – und auch die Nachschubgläser – so, dass sie nicht jeder sehen konnte. Ich spürte, dass mit jedem Schluck noch mehr Traurigkeit in mir hochkam. „Haste ja mal wieder Schwein gehabt", sagte er. „Wolltest du heute Morgen nicht mitfahren?" Ich schaute ihn an, als ob er ein Gespenst wäre. „… mal wieder Schwein gehabt!" „Wieso mal wieder?", fragte ich ihn zurück. In dem Moment, als ich die Frage ausgesprochen hatte, wusste ich, was er meinte. 25. Juli 2000, Concorde-Absturz in Paris. Hans kannte meine Geschichte.

Der Gedanke, dass ich dem Tod irgendwie und möglicherweise zum zweiten Mal von der Schippe gesprungen war, traf mich wie ein Keulenschlag. Ich ging durch die Pendeltüren der Bar nach draußen und setzte mich an den digitalen Flügel. Auf ihm hatte ich schon einige Jahre lang die Menschen auf diesem Schiff in emotionale Stimmungshochs gebracht. Ich schaltete ihn nicht an, sondern spielte unhörbar meine Melodien. Es reichte, dass ich aufgrund des indischen Rums selbst ein wenig „unter Strom" stand. Außerdem sollte in den Bars ja keine Musik laufen.

Als Kapitän Jungbluth und Kreuzfahrtdirektor Wolff zum Schiff zurückkamen, wurde nicht mehr viel geredet. Der Käpt'n bat die

Passagiere in den Kaisersaal, wo er die Umstände mit ausgesprochen warmherzigen und gut gewählten Worten erläuterte. Das konnte er wie kein anderer und ich fand, auch das macht einen „Traumschiff-, Frühstücks- oder Operettenkapitän", wie er gelegentlich im Wechsel genannt wurde, aus. Im Gegensatz zu seinen knurrig-hölzernen Vorgängern, die eher auf ein Frachtschiff gepasst hätten, hatte der Reeder mit ihm den „Fang seines Lebens" gemacht.

Leider konnte ich Peter R. nicht mehr besuchen und auch der persönliche Kontakt zu ihm verlor sich. Das ist eine typische Begleiterscheinung der Seefahrt, was ich jedoch nicht als Entschuldigung gelten lassen möchte. Wie ich hörte, ging es ihm nach Monaten den Umständen entsprechend besser und er konnte nach Hause geflogen werden. Heute bete ich für ihn, wenn ich an ihn denke, auch in der Hoffnung, dass unsere Wege sich noch einmal kreuzen.

Dieses Samoa-Erlebnis hat mich mehr getroffen als das Concorde-Ereignis. Es ging so richtig tief, saß mir in Mark und Bein sozusagen. Ich befand mich sowieso in einer innerlich aufgewühlten Verfassung, weil ich durch meinen jahrelangen Durchmarsch durch die Religionen die Antworten auf meine Fragen noch nicht gefunden hatte. Wo kam ich her, wo ging ich hin? Wo war der dialogfähige Gott, von dem so viele Christen redeten? Wo war überhaupt der Sinn meiner ganzen Odyssee durch diese merkwürdigen Welten?

In den nächsten Monaten veränderte ich mich. Auf der Bühne konnte ich weiter den beliebt-beleibten Entertainer spielen. Teilweise so überzogen, dass ich mit zehn Ringen an den Fingern den amerikanischen Showpianisten „Liberace" imitierte mit den Sätzen: „See my rings, I bought them from your money", „Seht, meine Ringe, ich kaufte sie von eurem Geld!"

Aber die Leute liebten mich und ich produzierte keine Flops,

Kreuzfahrtdirektor Franco Wolff (re.) und ich waren über sieben Jahre lang auf der Bühne ein unschlagbares Team. Unser allabendlicher Humor kam beim Publikum an: „Oh, eine neue Weste?" – „Ja, von chinesischen Seidenraupen gemacht!" – „Waren es nicht eher Planierraupen?"

was wiederum Franco Wolff zufrieden stimmte. Wir waren auf der Bühne ein unschlagbares Team geworden, der Schlagabtausch stimmte, der Humor war köstlich und der berühmte Funke aus der Selbstironie unserer Dialoge sprang allabendlich über ins Publikum.

Doch Menschen, die ihm professionell das Wasser reichen konnten, hatte Franco Wolff unter Beobachtung, denn sein übertriebenes Misstrauen gegenüber jedermann, insbesondere „seinen Freunden", war buchstäblich und hatte immer auch etwas mit dem Teufelszeug zu tun, das sich Alkohol nennt. Für seine Eskapaden und freundvernichtenden Ausfälle hassten ihn viele. Aber seine Professionalität und seine Ausstrahlung waren ansteckend und irgendwie waren immer alle froh, mit ihm zusammenzuarbeiten. Außer denen natürlich, die seinetwegen das Schiff verließen. Balletttänzer, Musiker, ganze Orchester gingen seinetwegen. Trotzdem: Für die MS Deutschland gab es keinen besseren Conférencier als ihn. Dass ich allerdings irgendwann zu dieser Schar der „Gehenden" gehören sollte, das hätte ich mir damals im Traum nicht vorstellen können.

13. Die Nummer eins

Schon nach dem Absturz der Concorde 2000 hatte ich immer wieder mal angefangen, in der Gideon-Bibel zu lesen, die auf meiner Kabine lag. Zwei Jahre lang ging es auf und ab mit diesem blauen Ding, mit dem ich schon in den Hotels der ganzen Welt Bekanntschaft gemacht hatte. Nachdem ich immer wieder darin gelesen hatte, war ich der Wahrheit, den Antworten auf meine Fragen, auf der Spur.

Am Anfang äußerst kritisch, aber im Laufe der Zeit immer offener werdend, setzte ich mich mit den Geschichten des Neuen Testaments auseinander. Zuerst mit der Apostelgeschichte, weil ich schon immer alle Berichte mochte, die etwas mit Historie und Zeitgeschehen zu tun haben. Was Lukas da schrieb, war ein Augenzeugenbericht über das Geschehen nach dem Tod Jesu und diese Erfahrungen von Paulus und anderen fand ich einfach spannend. Auch wie Jesus ihn persönlich „in den Staub geworfen" hatte: „Saul, Saul, warum verfolgst du mich?" (Apostelgeschichte 9) Ein wenig kam es mir so vor, als wenn ich meinen Namen darin hörte. Irgendwie klang das ganze Geschehen recht glaubwürdig für einen Mann, der die Christen als „Saulus" vorher verfolgt hatte und sogar bei den Steinigungen zuschaute (Apostelgeschichte 7,57-8,1).

Das Studium der Apostelgeschichte machte mich nun regelrecht neugierig auf das Leben des Jesus von Nazareth und ich blätterte rückwärts zu den Evangelien. Zuerst las ich „Johannes" und dann nacheinander „Matthäus", „Markus" und „Lukas". Klasse, was für ein Leben! Geradlinig, sperrig, ehrlich, mutig, zielstrebig, konsequent.

Die Personalentscheidungen von Jesus empfand ich allerdings damals als recht gewöhnungsbedürftig, denn was sich der Meister da als Nachfolger ausgesucht hatte – mit denen könnte man heute in keiner Firma einen Blumentopf gewinnen. Aber später revidierte ich meine Meinung. Denn diese einfachen Menschen, mit all ihren bunten, schwachen wie starken Charakteren, waren mir so ähnlich, dass ich manchmal erschrak. Heute bin ich froh, dass die Jünger Jesu Menschen wie du und ich waren.

Die Bibel und insbesondere das Leben des Herrn Jesus faszinierte mich und so kam ich im Sommer 2002 zu demselben Fazit wie Pilatus, als er sich die Hände in Unschuld wusch: „Ich finde keine Schuld an ihm" (Johannes 18,38; Matthäus 27,24). Ich fand nichts, was mich an der Person Jesus Christus wirklich gestört hätte, und ich glaubte plötzlich der Bibel, dass Er tatsächlich Gottes Sohn war. Auch das machte ich, nach Pilatus, an einem Zeitzeugen fest, nämlich dem Hauptmann, der für die Bewachung von Jesus am Kreuz verantwortlich war und nach dem Tod von Jesus sagte: „Dieser Mann ist wirklich Gottes Sohn gewesen!" (Matthäus 27,54)

Etwas zögernd ging ich eines Nachts im Oktober 2002, nachdem ich erst spät den Deckel meines kleinen elektronischen Flügels geschlossen und die Freiluft-Bar verlassen hatte, auf meine Kabine, um die Gideon-Bibel zu holen, die mir in den letzten beiden Jahren ans Herz gewachsen war. Ich wollte in dieser Nacht mit Gott „klare Sache" machen und das ganz oben, an Deck des Traumschiffs MS Deutschland. Noch auf dem Weg dorthin zögerte ich: In vier Wochen würde ich sechsundvierzig Jahre alt werden. Sollte ich mich wirklich als erwachsener, gestandener Mann der Lächerlichkeit aussetzen und am Pool eines Partyschiffes ein neues Leben anfangen? Als ich aus dem Aufzug trat, blieb ich einen Moment an der Tür zur Backbordseite stehen und überlegte. Doch dann drückte ich sie auf und ging festen Schrittes in die Nähe des Pools.

Niemand war an Deck zu sehen, über mir ein sternenklarer Himmel, der Vollmond gab mir genügend Licht. Auf der rechten, der Steuerbordseite, sah ich plötzlich Jeffrey, den immer freundlichen Filipino, der mit einem Schlauch das Deck abspritzte. Er sollte mich nicht stören bei dem, was ich vorhatte.

Ich nahm mir einen dieser Holzsessel mit den blauen Kissen, auf denen in goldener Schrift „MS DEUTSCHLAND" gestickt war, und setzte mich in die Nähe des Pools. Wie sollte ich anfangen?

Das Gespräch mit Gott kam schleppend in Gang. Erst als ich angefangen hatte, mit gefalteten Händen mit Ihm zu sprechen, wurde ich ruhiger. Ich spürte, dass die Ansprache des heiligen Gottes, die ich über die Schaltstelle seines Sohnes führte, richtig war. „Niemand kommt zum Vater außer durch mich" (Johannes 14,6), hatte Jesus gesagt, das hatte ich begriffen. Am Ende dieses Gebetes bat ich Jesus Christus, die Nummer eins in meinem Leben zu werden. Alles andere, was mir so wichtig gewesen war, schob ich zur Seite. Ich brauchte eine höhere Macht, die mir half, mein Leben in den Griff zu bekommen, und so übergab ich es in dieser Nacht an den Sohn Gottes, Jesus.

Als ich wieder aufblickte, erschrak ich – aber gleich darauf musste ich schmunzeln. Jeffrey stand mit gesenktem Haupt und übereinandergelegten Händen etwa drei Meter neben mir und hatte, so sah es aus, mitgebetet. In seinen Händen der abgeknickte Schlauch, mit dem er das Deck abspritzte. Er nickte kurz, sagte: „Hi, Mister Waldemann", und ging dann wieder seiner Arbeit nach. Ein Engel? Einer, der jeden nass gespritzt hätte, der mich bei dieser lebenswichtigen Entscheidung gestört hätte? Wie auch immer – es war ein Moment, den ich mein Leben lang nicht vergessen werde.

Die folgenden beiden Jahre waren kein Pappenstiel, was die Umsetzung meines Glaubens betraf. Immer wieder spürte ich, dass mein Job – Unterhaltung und Animation – nicht mehr kompatibel mit meinen inneren Überzeugungen war. Auch fiel ich wiederholt in die alten Lebensmuster zurück, die nicht zu meinem innerlichen Neuanfang passten.

Ich hatte nur einer Handvoll Menschen von meiner Entscheidung erzählt, darunter auch den paar Bordpastoren, denen ich, was ihre Verkündigung anging, „über den Weg traute". Ich wollte unbedingt bei nächster Gelegenheit das Schiff verlassen, um irgendwo zu studieren oder gar in eine klosterähnliche Bruderschaft zu gehen, wo ich mich eine Weile nur noch mit Gott beschäftigen wollte.

Einer von diesen Pastoren war der Lübecker Bischof Karl-Ludwig Kohlwage, der mir später sogar eine Referenz für den Besuch der Bibelschule ausstellte. Ich freute mich wahnsinnig über die Bekanntschaft, denn das Ehepaar Kohlwage war mir immer und zu jeder Zeit ein Vorbild für ein Leben mit Jesus. Mich erfüllte es ein klein wenig mit Stolz, als ich im März 2004 über ihn las: „Karl-Ludwig Kohlwage (70) aus Lübeck, Bischof der Nordelbischen Evangelischen Kirche im Ruhestand, ist von Bundespräsident Johannes Rau mit dem Großen Bundesverdienstkreuz ausgezeichnet worden. In Vertretung des Staatsoberhaupts legte Ministerpräsidentin Heide Simonis (SPD) es dem Kirchenmann persönlich um. Damit wurde unter anderem Kohlwages Einsatz für Flüchtlinge und ethnische Minderheiten sowie seine Medienaktivitäten gewürdigt. 2000 wurde Kohlwage in die Zuwanderungskommission der Bundesregierung berufen. Der Altbischof war auch Autor und Sprecher zahlreicher Kurzandachten im Rundfunk."[15]

Am liebsten hätte ich es laut über die Bordlautsprecher verkündet: „Ja, und er ist mein Bruder und Freund geworden, hat mich zusammen mit seiner Frau bei den vielen Aufs und Abs meines frischen Glaubenslebens immer wieder motiviert, dran zu bleiben!"

---
15 Die Welt: www.welt-online.de vom 25.3.2004

Doch mit meinen Aussteigeplänen kam es erst einmal anders, als ich wollte. Francis, mein Freund und Geschäftspartner in Hamburg, übermittelte mir ein Fax der Reederei, nach dem ich noch weitere Verträge unterzeichnen sollte. Unter anderem bekam ich eine feste Hauptrolle in der frisch komponierten „Seemanns-Revue"; Franco Wolff verließ sich hier auf mich. Was soll ich Ihnen sagen: Ich unterschrieb, was mir, rückblickend betrachtet, nicht guttat.

Das, wovor ich nämlich all die Jahre Angst gehabt hatte, wenn ich mich für das „Christentum" entscheiden würde, war nämlich eingetreten: Die Konsequenzen, die dieser Glaubensschritt mit sich brachte, mussten nun auch tatsächlich gezogen werden!

Ich spürte, dass ich einiges sofort zu ändern hatte, andere Dinge mussten mir erst noch klarer werden. Zunächst hörte ich mit Gottes Hilfe mit der Trinkerei auf, nach vier Wochen hatte ich es annähernd geschafft. Kein Alkohol mehr auf der Kabine, keiner mehr im Dienst. Kein leichtes Unterfangen, ich muss gestehen, dass ich trotz meiner Vorsätze immer wieder Rückfälle erlitt. Aber zumindest hatte ich auch das Rauchen aufgegeben. Ich wollte so ganz langsam von all den Dingen weg, die mir innerlich und äußerlich schadeten – und vor allem mein Verhältnis zu Jesus betrübten.

14. Erinnerungen und neue Kontakte

Im Flugzeug in Richtung Heimat sitzend, freute ich mich schon auf das Wiedersehen mit den vielen neuen Freunden. Hatte ich doch bei meinen letzten Heimaturlauben Kontakt zu Gemeinden und Bibelschulen aufgenommen. Auch die christliche Medienwelt hatte bereits über meine Bekehrung berichtet: „Traumschiff-Pianist glaubt jetzt an Gott!" war nur eine von vielen Überschriften. Ich wusste aber: Was die Bewältigung der Vergangenheit anging, kam noch einiges auf mich zu. Vor Gott hatte ich mir die Vergebung zwar erfleht, doch die ein oder andere Sache bereinigen, das musste ich irgendwie selbst.

Ach, das Leben im Fünf-Sterne-Status konnte so schön sein, doch wenn man wieder mit den Normalitäten des Lebens konfrontiert wurde, dann gute Nacht, Marie.

„Sir?" Die Stimme der freundlichen Stewardess lockte mich aus einem tiefen Minutenschlaf, den ich normalerweise sogar im Stehen beherrsche. „Do you prefer fish or turkey for lunch?" (Möchten Sie lieber Fisch oder Truthahn zum Essen?) Sie hatte einen klitzekleinen witzigen Aussprachefehler. Ich blickte noch einmal kurz raus, so, als würde ich im Weltall die Lösung für diese komplizierte Frage finden. In Bruchteilen von Sekunden kam mir der Spielfilm auf dem TV-Crewkanal über einen Notfall an Bord eines Flugzeuges in den Sinn, wo die Hälfte der Passagiere eine Fischvergiftung bekommen hatte, und so antwortete ich rasch: „Turkey, please", sofort bereit, den Stewards und Stewardessen zur Seite zu springen, sollten sie sich unwohl fühlen. Nein, ich wäre sogar bereit gewesen, einen mit Bauchkrämpfen bewusstlos gewordenen Kopiloten aus seinem Sitz zu ziehen und dem Kapitän dieses Airliners zuzurufen: „I have it, Sir!" („Ich übernehme, Käpt'n!")

Doch zunächst einmal hatte ich die Probleme zu lösen, die mir die Tischklappe machte. Sie war im Vordersitz integriert und ließ sich zwar lösen, blieb jedoch am oberen Ansatz meines Bauches hängen.

So sehr ich auch die Luft anhielt und die Muskeln einzog, es half nichts, sie ließ sich nicht herunterklappen. Ich stand, nein, ich saß mir selbst im Weg. Sollte ich vielleicht eines meiner beiden T-Shirts ausziehen? Einen halben Zentimeter könnte man damit gutmachen. Nein, es war unmöglich, auf dem schrägen Klapptisch ein Essen oder ein Getränk abzustellen.

Die Stewardess übersah meine Turn- und Atemübungen höflich. Sie klappte den Tisch des benachbarten Sitzplatzes herunter und meinen wieder herauf. Dann stellte sie das Tablett ab und gab mir lächelnd eine „Diet-Coke" zum Essen. Stewardessen können Gedanken lesen.

Nach fünf Monaten „MS Deutschland" hatte ich Heimaturlaub. Gut zwei Stunden der Flugzeit waren auf dem Weg nach Hause bereits verstrichen und Kaffeeduft machte sich in der Kabine breit. Das Essen war prima und ich hatte jetzt Lust, mit meinem Vorhaben zu beginnen. Bevor ich nämlich hier einen halben Tag grübelnd im Flieger verbrachte, hatte ich mir zwei meiner Dutzend Tagebücher im Handgepäck verstaut. Ich wollte die Erlebnisse auf dem „Traumschiff" mit dieser Lektüre noch einmal Revue passieren lassen. Es waren zwei dickere Büchlein im A5-Format, mit einem schwarzen Ledereinband. Während ich die erste Seite aufschlug, die mit Erlebnissen etwa ein halbes Jahr zuvor begannen, versank ich in eine Welt der Erinnerungen.

Es war einfach phänomenal, dass ich seit meinem 18. Lebensjahr die Welt bereisen durfte. Während ich wieder aus dem Fenster ins dunkle Universum schaute und nur die blinkenden grünen

Positionslichter wahrnahm, die an den rechten Tragflächen reflektierten, dachte ich an Genscher, dem man ja nachsagte, so viel geflogen zu sein, dass er sich sogar selbst in der Luft begegnete …

Mir kamen die Gedanken an die damalige Zeit in den Sinn. Was war ich doch in den 1970er-Jahren noch für ein Heißsporn gewesen. Was auch immer man aus diesem Wort herauslesen kann – es traf auf mich zu. Das war nun mehr als ein Vierteljahrhundert her und in acht Wochen würde ich erst einmal wieder auf „meine Deutschland" steigen. „Heimaturlaub", das klingt so, als ob ich von der Front ein paar Wochen nach Hause zur Familie fahren dürfte – na ja, irgendwie stimmt die Metapher sogar. Die Monate auf dem Traumschiff sind in gewisser Weise schon ein „Einsatz an vorderster Front", das kann man nicht anders sagen. Ich hatte mir vorgenommen, in den Tagebucheinträgen offen darzulegen, wie es mir geistig und geistlich erging, nachdem ich ja nun seit 2002 versuchte, mit Jesus Christus zu leben.

Da war ich nun wirklich gespannt, wie sich das Leben zwischen uns beiden entwickeln würde, das Leben von Jesus und mir. Wenn sich das alles wirklich bewahrheiten sollte, was ich in der Bibel bis heute gelesen hatte, dann könnte Gott unter all meinen krummen Lebenslinien einen geraden Strich ziehen.

Drei Tage lang lag ich zu Hause im Bett, telefonierte ein wenig, bearbeitete die Post, redete mit meinem Freund und Geschäftspartner Francis über Gott und die Welt.

Schon erstaunlich, wie schnell man von den Problemen des Alltags wieder eingeholt wird. Francis hatte mir in den letzten beiden Jahren eine Menge Arbeit abgenommen und vom Hals gehalten, das werde ich ihm nie vergessen. Aber jetzt war es an der Zeit, ihn nicht weiter mit diesen Dingen zu belasten. Wir würden uns in den nächsten Tagen zusammensetzen und darüber reden.

Während ich die heutige Post sichtete und die Bilder der vergangenen fünf Monate sortierte, hielt ich inne und dachte über die letzte Reise nach. Sie hatte vier Tage zuvor in Istanbul geendet.

Francis lud mich jetzt in Hamburg ins „Steakhouse Hoheluft" ein, nur einen Katzensprung von seiner Wohnung entfernt, doch ich bat um einen anderen Termin, zwei, drei Tage später. Ich hatte mir zusammen mit Rigo in der Stadt am Bosporus so sehr den Magen verdorben, dass ich noch die Gedärme spürte, wenn ich nur ansatzweise etwas Fettiges roch. Glücklicherweise machten mir die „Fünf-Minuten-Terrinen" aus meinem Vorratsschrank weniger aus.

Es war schon ein Unterschied, mein Alltagsleben, verglichen mit den Schlemmermonaten an Bord. Gestern noch am nicht enden wollenden Fünf-Sterne-Buffet, heute schon wieder vor den Regalen meines „blau-weißen" Discounters.

Ich hatte mir vom Schiff aus via Internet ein paar Bibeln in verschiedenen Übersetzungen bestellt sowie ein wenig Literatur über den Umgang mit der Heiligen Schrift. Wie fing ich es an, wie disziplinierte ich mich, wie setzte ich um, was ich las? Dies galt es nun alles erst einmal zu sichten und durchzuarbeiten. Darauf freute ich mich nun wirklich am meisten! Was hatte mir das Studium der Gideon-Bibel an Bord schon für reiche Schätze beschert, und das ohne jede menschliche Anleitung! Ich musste dringend mehr über die Bibel erfahren! Die Literatur, die ich bestellt hatte, würde mir sicher dabei helfen.

Von wegen fünf Wochen Urlaub! Gerade hatte Monique, meine Haushälterin, alles gebügelt wieder in den Schrank gelegt, als Frau C., die Künstlerbeauftragte der Reederei, anrief. Ob ich mit meinem Trio bereit wäre, einen Noteinsatz auf dem Flussschiff „MS Dresden" zu übernehmen? Es ist 10 Uhr morgens, ich vertröste sie bis zu einer Antwort auf 15 Uhr, bis dahin müsste ich meine Freunde erreicht haben. Da ich die letzten vier Reisen auf dem Traumschiff alleine absolviert hatte, konnte ich davon ausgehen, dass zumindest Bassist „Fuzzi" schon wieder vom Kreuzfahrer-Virus erfasst worden war.

Meine Freude hielt sich bei der Reedereianfrage noch in Grenzen, doch auf der anderen Seite gäbe es hier in Hamburg niemanden, der mich wirklich vermissen würde und auch in meiner Berliner Zweitwohnung wäre niemand, der wirklich auf mich wartete.

Ich gab Frau C. am Nachmittag eine positive Antwort und sie war begeistert. Ihr in Insiderkreisen oft imitiertes „Guuuut!" ließ mich schmunzeln und ich wiederholte es, als ich aufgelegt hatte. „Guuuut!"

In vier Tagen sollte die neue Reise losgehen. Also, schnellstens die Koffer wieder gepackt, den Leihwagen abgeholt, Francis informiert und die nächsten Monate Seefahrt waren schon wieder programmiert. Nach den sechs Wochen Flussschiff sollte es so schnell wie möglich wieder auf die „MS Deutschland" gehen, die dann in New York liegen würde. Wow! Mein Herz klopfte vor Freude. Was war das für ein Leben!

Erst am Abend besann ich mich darauf, die Angelegenheit einmal mit Gott zu besprechen. Hatte er andere Pläne mit mir? Ich ahnte es, aber nun hatte ich bereits das Fax unterschrieben und zurückgeschickt. Ich musste noch viel lernen, in erster Linie das: Demütig den Willen Gottes vor den meinen zu setzen. Das nahm ich mir fest vor, nachdem dieses Mal das Kind schon in den berühmten Brunnen gefallen war.

Beinahe hätte ich auch meinen Termin als „fromm gewordener Traumschiffpianist" beim ERF, dem Evangeliums-Rundfunk in Wetzlar, vergessen. Gleich am nächsten Morgen machte ich mich auf, um meiner Verabredung mit dem MDR- und ERF-Moderator Willi Wild zum Frühstück nachzukommen. Es herrschte eine sympathische Wiedersehensatmosphäre, denn wir kannten uns bereits von einer Aufzeichnung einer „Hof mit Himmel"-Sendung. Aber heute wurde nicht „getalkt", sondern Willi würde mich im TV-Studio am Schlagzeug begleiten, zusammen mit Robert Foede am Bass. Bereits nach den ersten Takten unseres schnell ernannten „King-Swing-Trios" kochte die Stimmung.

Swing ist nicht gerade der musikalische Schwerpunkt des Senders, aber vielleicht war die damalige Stimmung im ERF gerade deshalb so fröhlich! Nach meinem Eindruck atmeten alle erleichtert auf, als ich darauf aufmerksam machte, dass nahezu jede Art von Musik „rein" ist. Ich hatte in den ersten Monaten in der christlichen Szene sehr schnell gemerkt, dass in manchen christlichen Strukturen Tradition und Gesetz dem freiheitlichen Denken des Menschen immer wieder im Wege stehen.

Das Tagesprogramm war recht kompakt:

11.10 Uhr Live-Interview mit Ulrike Schild. Sie ist eine sehr charmante Moderatorin, die nicht nur „auf Sendung", sondern auch live ihre Zuhörer „packt". Als ich nach dem Live-Interview mit meiner Großmutter telefonierte, war sie ganz glücklich: Ich hatte sie am Ende des Interviews kurz als ERF-Stammhörerin vorgestellt und gegrüßt. Fand ich witzig und für sie war es das Monats-, was rede ich, das Jahrhundertereignis schlechthin! (Sie starb 2010 im Alter von 98 Jahren.)

11.30 Uhr Solokonzert im Raum „Monte Carlo" des Senders. Comedy, eigene Lieder, Reiseberichte, Glaubenserlebnisse. Alle Plätze im Studio besetzt. Auch ERF-Direktor Jürgen Werth wollte zuhören – und musste stehen.

12.20 Uhr Signierstunde und noch zwei weitere Swing-Konzerte im TV-Studio, zwei Solokonzerte im „Monte Carlo" sollten folgen, ebenso eine Autogrammstunde.

15.30 Uhr Feierabend und Hunger. Zwischen den Jobs immer wieder Kontakt mit den Sängerinnen Cae Gauntt und Florence Joy. Letztere hatte sich gerade auf dem ersten Platz beim TV-Contest „Deutschland sucht den Superstar" platziert. Die beiden hatten ein ähnliches Programm zu bewältigen wie ich, und so sangen wir quasi zeitversetzt und rotierend in den verschiedenen Sälen gleichzeitig.

Ein guter Tag ging zu Ende und ich war voller Erlebnisse. Besonders das Arbeiten mit all denen, die denselben Glauben hatten, hatte mich unsagbar beeindruckt. Kein Konkurrenzdenken, kein Neid, es herrschte der einheitliche Wunsch, den Glauben an Jesus Christus authentisch weiterzusagen und zu singen. Ich wünschte mir damals sehr, es könnte immer so sein, doch schon am nächsten Morgen musste ich noch einmal zurück in die Welt, die ich mir für die letzten acht Monate nun wirklich selbst noch einmal ausgesucht hatte.

15. Mit Lippi in Ho-Chi-Minh-Stadt

Seit ich im Berufsleben stehe, reise ich also. Ein Leben ohne Neugier auf Neues kann ich mir nicht vorstellen. Selbst wenn ich nicht mehr als Pianist durch die Welt fahren könnte – mich zöge es immer wieder hinaus. Meine Frau und ich sind sehr glücklich, dass wir nun auch gemeinsam mit christlichen Reiseveranstaltern auf Kreuzfahrt gehen können, denn die Länder, die wir heute anfahren, hängen oft mit der biblischen Geschichte zusammen. Ob auf den Spuren des Apostels Paulus, den Fährten der alten ägyptischen Pharaonen oder dem Kreuzweg von Jesus in der Via Dolorosa in Jerusalem: Mit der Bibel in der Hand und fachkundigen Referenten ist jede Reise ein unglaubliches Abenteuer in die Vergangenheit und äußerst hilfreich beim eigenen Erleben des Wortes Gottes.

Dass ich meine jetzige Frau Margit während der Bibelschulzeit kennenlernen durfte, war auf meine alten Tage (damals war ich 50) noch mal ein Wunder. Sie war einige Jahrzehnte die Sekretärin des Evangelisten und Gründers des Missionswerks Neues Leben, Anton Schulte, ich war Gast an seiner Bibelschule. Nach zwei Semestern lud der Gast die Sekretärin zu einem Mineralwasser ein und so kam's dann …

Als Weltenbummler kann man viel erleben, Schönes und weniger Schönes, Erlebnisse, die man dann verdrängt – oder die man sich ganz bewusst ins Gehirn einspeichert. Auf einer Weltkarte mit bunten Nadeln habe ich die Ziele abgesteckt, die ich in den letzten dreißig Jahren bereist und erkundet habe. Es gibt zwar noch eine Reihe „weißer Flecken", aber ich stehe oft davor und rufe die Erinnerungen der einzelnen Nadeln ab. Trotz der zahllosen Erlebnisse kann ich vieles auf Abruf wiedergeben. Und so entstehen zusätzliche Aufzeichnungen und Ergänzungen zu meinen Erlebnisberichten über meine Reisen, wenn ich „Erlebtes abrufe", „Fotos herauskrame" und „in Tagebüchern blättere".

Bei der Erinnerung an Vietnam brauchte ich nicht lange zu überlegen, diese Kreuzfahrt war ein Highlight. Aus Jakarta in Indonesien kommend, wollten wir mit der MS Deutschland das Sultanat Brunei und Kuala Lumpur auf Malaysia ansteuern, Manila auf den Philippinen und Ho-Chi-Minh-Stadt in Vietnam. Wirtschaftlich gesehen ist diese Gruppe von Inseln zwischen dem Indischen und Pazifischen Ozean recht interessant und wir hatten tatsächlich nicht selten auch Geschäftsleute an Bord, die ihren Urlaub einfach einmal zwei Tage unterbrachen, um an Land ihren Geschäften nachzugehen. Der Vorteil bei solchen Reisen ist: Man steht auf dem Schiff unter dem Schutz der deutschen Flagge. Das Hoheitsgebiet des Traumschiffes ist die Bundesrepublik Deutschland, zu dem man auch aus dem tiefsten Dschungel immer wieder gerne zurückkehren kann.

Wir legten in Ho-Chi-Minh-Stadt, dem ehemaligen Saigon, an und blieben für zwei Tage. Mit an Bord war ein Künstler, der schon alle Höhen und Tiefen der Showbranche am eigenen Leib erlebt hatte. Er war einer der beliebtesten Unterhaltungskünstler der DDR und dort Moderator der erfolgreichsten DDR-TV-Show „Ein Kessel Buntes" sowie Moderator von „Wetten, dass …?", das Amt, das er von Thomas Gottschalk übernommen hatte und das der ihm wieder nahm: Wolfgang Lippert!

Wir verstanden uns auf Anhieb. Wolfgang ist äußerst musikalisch und hat eine charmante Stimme. Seine ständige vermeintliche Nervosität täuscht, in Wirklichkeit ist er völlig souverän. Er ist blitzgescheit, voller Humor, hört gut zu und steht einem immer mit Rat und Tat zur Seite.

Nun hatte Wolfgang Lippert, von der Seeluft beflügelt, eine,

Ich lernte Margit während meiner Bibelschulzeit im Neues Leben-Seminar kennen. Der Evangelist und Gründer des Missionswerks Anton Schulte (re.) wurde mein Mentor und seine Sekretärin meine Frau – die perfekte Symbiose. Er hielt im August 2007 die Traupredigt für uns und sein Sohn Peter Schulte traute uns.

wie er fand, „dufte Idee", nämlich in seiner ersten Show den Menschen an Bord in einem kleinen Abc sein Leben zu erzählen. Die Passagiere sollten ihm Buchstaben zurufen und er wollte die entsprechende Anekdote dazu erzählen.

So weit, so gut. Aber Herr Lippert war nun mal noch nicht in dem Alter, wo er im Stile Ferdinand Sauerbruchs „Das war mein Leben" rezitieren konnte. Die Veranstaltung war zwar nett und gut, aber nicht gut genug. Was also tun, um die Passagiere in Zukunft mit Wolfgang Lippert ein ganzes Stück kurzweiliger zu unterhalten als bei seinem gefloppten Abc? Die rettende Idee, um den kleinen Image-Schaden, wie Lippi es selbst nannte, wieder aufzupolieren, kam wie immer von Franco Wolff, unserm Kreuzfahrtdirektor: „Wir haben alle technischen Möglichkeiten, eine ‚Wetten, dass …?-Außenwette' zu demonstrieren." Er schaute mich an und ich parierte spöttisch: „Auf hoher See ist das besonders praktisch!" „Eben nicht!", erwiderte Franco. „Pass auf: Lippi nennt bei der nächsten Gala im Kaisersaal ein paar Wettvorschläge aus dem Publikum. Und wenn er die Wette verliert, dann …", er überlegt kurz, „… dann springt er im Smoking in den Außenpool. Und du springst hinterher und rettest ihn! Das übertragen wir dann mit unserer Außenkamera in den Kaisersaal, wo fünfhundert Passagiere den Spaß auf einer Riesenleinwand mitkriegen."

Ich verzog mich an meinen Flügel und ahnte schon, was da auf mich zukommen würde. Wenn der Kreuzfahrtdirektor einmal eine Idee hatte, dann setzte er sie auch um. Ich sah mich schon als Rettungsrobbe.

Der Gala-Abend kam. Lippi und Wolff lieferten sich tolle Wortgefechte im Kaisersaal und als Lippi dann seinen Song „Erna kommt" zum Besten gab, mit dem er in den 1980er-Jahren einen Riesenhit gelandet hatte, war die Stimmung im Publikum bereits angeköchelt. Was soll ich sagen? Lippi verlor gekonnt seine Wette, war ja klar, und musste nach oben zum Pool. Hier interviewte er einige Passagiere, die sich dort schon eingefunden hatten, ließ die Kamera auf den Vollmond halten, um so plausibel zu erklären: „Dies ist unser Satellit, mit dem wir die Außenwette übertragen" und sprang, nach einigem mediengerechten Geplänkel, im kompletten Smoking in den Pool. Mein Job war es wie gesagt, ihn als Rettungsrobbe vor dem Untergehen zu bewahren. Ich sprang also, nur mit Badehose bekleidet, mit meinen damaligen 140 Kilogramm hinterher und – ich traue es mich kaum zu schreiben – direkt auf ihn drauf. Dummerweise hatte ich ihn auch noch gerade beim Luftschnappen erwischt. Das Gejohle im Kaisersaal war bis auf Deck 9 zu hören.

Ein paar fleißige Helfer sprangen Lippi sofort mit Badetüchern zur Seite und er ging, immer noch hustend, ein Deck tiefer in seine Kabine, um sich umzuziehen. Kamera- und Tonmann rollten ihre Kabel ein und auch die Passagiere, die als Zaungäste mit nach oben gekommen waren, eilten wieder nach unten in den Kaisersaal, wo die Show ja mit den übrigen Künstlern weiterging. Lippi

Er sorgte für viel Spaß an Bord: Der ehemalige „Wetten, dass …?"-Moderator Wolfgang „Lippi" Lippert (2.v.l.), hier mit meinem Swing-Trio.

und ich waren in fünfzehn Minuten wieder dran und da würde ich mir wohl einiges anhören müssen. „Walross springt auf See-Gerippe" – oder so ähnlich würde Franco Wolff es wohl als Moderator kommentieren. Während ich mich in der Umkleidekabine schon mal der Badehose entledigte und duschte, wartete ich auf den Steward mit den Handtüchern. Noch zehn Minuten bis zum Auftritt. Ich brauchte Handtücher! Nichts. Niemand kam, alle waren Lippi hinterhergerannt und hatten mich natürlich vergessen. Nach zwanzig Minuten kam dann endlich jemand, weil ich unten im Saal vermisst wurde, und half mir aus der Bredouille.

Was Lippi angeht, so sind wir zwar immer noch dicke Freunde, aber in einen Pool geht er seitdem nicht mehr mit mir.

Am nächsten Morgen trafen mein Schlagzeuger Rigo, Wolfgang Lippert, Barchefin Kathleen und ich uns an der Rezeption, um die Stadt Ho Chi Minhs zu erobern. Schon vom Schiff aus konnten wir sehen, dass hier Tausende von Zweirädern auf den Straßen unterwegs waren. Sollten wir etwa in dem Gewühle ein Taxi nehmen?

Als wir aus dem Hafengelände kamen, hatte man uns die Antwort schon abgenommen. Vier Rikschas standen vor dem Tor und es war klar, dass wir dort einstiegen. Jeder hatte eine für sich und nachdem wir den Preis für zwei Stunden ausgehandelt hatten, fuhren wir los. Die vier schmalen Vietnamesen, die nun für uns in die Pedale traten, freuten sich, lachten und erzählten uns auf Khmer die schönsten Geschichten. Ich möchte noch erwähnen, dass ich im Gegensatz zu meinen drei Freunden zwölf Dollar zu zahlen hatte, während die drei nur acht Dollar zahlten. Ich verstehe zwar kein Khmer, geschweige denn Vietnamesisch, aber der gestisch-mimische Hinweis, dass der Fahrer doch bei mir ein Stück mehr zu strampeln hatte, war deutlich genug. Kathleen lachte sich kaputt und die Kollegen schmierten mir die Story noch wochenlang aufs allmorgendliche Lachsbrötchen.

Das Rikscha-Fahren war alles andere als langweilig. Uns kamen Hunderte, nein Tausende von Geisterfahrern entgegen, mittendrin ein paar Taxifahrer, die wild hupend ihre Kunden auch ans Ziel bringen wollten, ein paar Hunde und Hühner und jede Menge Kinder, die uns zuwinkten. Wir hatten Lust darauf, irgendwo landestypisch zu essen. Lippi hatte Geburtstag und nun wollte er uns dazu einladen. Er schien auch etwas gefunden zu haben, denn er ließ den Konvoi anhalten und alle waren froh, für eine Weile ihrem Vehikel zu entsteigen. Die Beinahe-Unfälle summierten sich nämlich und gingen uns ganz schön ans Nervenkostüm.

Wir mussten die Straße überqueren, sie war nicht geteert und wegen der vielen Löcher ziemlich holprig. Überall waren noch kleine Pfützen, denn es hatte in der Nacht etwas geregnet. Ein kleiner Junge hockte in der Straßenrinne und machte sein Ge-

Die Rikscha-Touren durch Vietnam bleiben unvergesslich. Hier durch Ho-Chi-Minh-Stadt, dem ehemaligen Saigon, zusammen mit meinem Musikerkollegen Rigo Reksidler (re.).

schäft, während er uns zuwinkte. Ich winkte zurück, was ihm wiederum peinlich war. Eine wirklich noble Gegend, in die uns Wolfgang Lippert da geführt hatte!

Ein fettes, grunzendes und im Matsch nach Delikatessen suchendes Schwein stand neben einer fünf Meter breiten Hütte, die wohl das Restaurant darstellte, in welches uns der Showmaster mit all seiner Großzügigkeit nun einlud. Rigo und ich schauten uns an und zuckten mit den Schultern.

Wolfgang Lippert, Rigo, Kathleen und ich betraten also nun unser Restaurant am Rande von Ho-Chi-Minh-Stadt und das kommunikative Schwein im Schlachtgewicht trottete zum in der Straßenrinde hockenden Jungen, dessen Augen größer und größer wurden, als das rosane Etwas auf ihn zugrunzte.

„Augen zu und durch", rief Kathleen, als sie sich binnen Sekunden ein Bild gemacht hatte, und so hielten wir es dann auch. Wir nahmen Platz, die speckigen, hellen Holztische wurden mit einem noch speckigeren Lappen abgewischt. „Ich trinke eine Dose Bier", sagte Lippi so laut, dass es der Empfangschef, Koch, Spüler und Kellner in einer Person zwar hören, aber nicht verstehen konnte.

Kathleen war die einzige Souveräne an unserem Tisch. Während wir Männer uns noch ein wenig zierten und unsere Witzchen über die „großzügige Geste" des Geburtstagskindes machten, stand sie auf und schaute in die Töpfe, in denen es vor sich hin brodelte. Wir bestellten auf ihre Empfehlung hin Reis und, wie könnte es anders sein, Chicken-Food. Doch Abbitte: Was wir bekamen, war ohne Einschränkung total lecker und schmackhaft. Nach dem zweiten Bier bekamen wir sogar noch Nachschlag.

Unsere Riksha-Fahrer saßen derweil in einer anderen Ecke des etwa 40 m^2 großen Restaurants. Sie zierten sich, trotz einer Einladung, an unserem Tisch Platz zu nehmen. Ihr Essen sah auch ein wenig anders aus als das unsere. Wir hatten weiße Porzellanteller – na ja, sie waren früher mal weiß –, und sie hatten Blechnäpfe, aus denen sie mit den Händen den Reis zu einem Bällchen formten und in eine gemeinsame Fleischsoße tunkten, die in der Mitte stand. Sie lachten auch hier viel und schienen fröhlich im Umgang miteinander zu sein.

Die Rückfahrt war für uns ein genauso lustiges Unterfangen wie die Hinfahrt. Rigo, der dieses Mal mit dem Fahrstil seines Fahrers überhaupt nicht einverstanden war, ließ den Pulk stoppen, verhandelte kurz und setzte sich dann selbst auf den Sattel. Der Fahrer nahm, unter dem großen Gelächter seiner Kollegen, vorne in der Riksha Platz. Rigos Zickzackfahrt durch den Verkehr des ehemaligen Saigons werden mir unvergessen bleiben.

Wir hatten länger als zwei Stunden gebraucht und so mussten wir mit unseren Fahrern nachverhandeln. Aber es war o. k. Dieser

Nachmittag der etwas anderen Art hatte uns Abwechslung und Freude bereitet. Die Busse mit unseren Tagesausflüglern waren noch nicht zurück und so verzogen wir uns auf unsere Kabinen. Was für ein Volk, die Vietnamesen, dachte ich. So lange unterdrückt durch den Krieg. Sie sind so liebenswert und zufrieden trotz der kargen Mittel, mit denen sie ihren Alltag leben müssen. Ich war richtig froh, hier zu sein, und überhaupt: Was war das für eine großartige Bereicherung des Lebens, mit guten Freunden die Welt zu erkunden! Hier wollte ich auf jeden Fall noch einmal hin!

16. Millennium in Hongkong

Seit Wochen fieberten meine Musiker und ich diesem einen, bestimmten Tag entgegen. Es war ein ganz besonderer Tag, denn es würde 999 Jahre dauern, bis die Menschheit ihn wieder erleben dürfte: Die Jahrtausendwende. Millennium! Seit Monaten stand fest, dass ich nicht alleine, sondern auf dieser Reise mit meinem „Hanse-Swing-Trio" auf der MS Deutschland sein würde.

Das Traumschiff sollte mit direktem Blick auf die Silhouette dieser Weltmetropole im Victoria-Harbour, dem Herzen Hongkongs, anlegen. Rund sieben Millionen Einwohner leben hier auf knapp 1.100 Quadratkilometern, bei uns in Deutschland wäre das unvorstellbar. Auf der Reise, die ich hier beschreibe, war es genau zweieinhalb Jahre her, dass Großbritannien seine Kronkolonie Hongkong an die Chinesen zurückgegeben hatte. 96 Prozent der Bevölkerung sind chinesischer Herkunft, die Wohnverhältnisse sind so beengt, dass viele sich mit ihren Familien und Freunden täglich zum Essen im Park treffen, eine Decke ausbreiten und den Nachmittag mit Essen, Reden und Spielen verbringen. In der Wohnung, die oft nur zum Schlafen dient, ist es nahezu unmöglich, Besuch zu empfangen.

Christentum, Buddhismus und Taoismus sind die verbreitetsten Religionen, wobei sich die meisten Einwohner Hongkongs zu den traditionellen chinesischen Religionen bekennen.

In dieser Stadt sollten wir über Silvester, also drei Tage, verweilen, ein erstaunlicher Service der Reederei, denn Hongkong hat mit die teuersten Liegegebühren der Welt. Das Schiff war mit rund fünfhundert Passagieren und etwa vierzig Künstlern, darunter alleine sieben Pianisten (!), komplett ausgebucht. Alle wollten die Jahrtausendwende auf der MS Deutschland erleben. Hunderte von Interessenten hatten eine Absage erhalten, weil auf unserem Schiff kein Platz mehr war.

Wir legten also nach einer wundervollen Einfahrt am frühen Morgen im Victoria-Hafen an. Tausende von Wasserfahrzeugen kreuzten ständig hin und her, mittendrin die weltberühmten grünen Fähren, die Star-Ferrys, die seit über hundert Jahren Tag und Nacht die Passagiere übersetzen. Dass hier so wenig passiert, grenzt schon an ein Wunder. Aber die Asiaten sind Meister darin, ihre Vehikel durch die Masse zu steuern. Unwillkürlich dachte ich an die Hunderttausende von Fahrrad- und Rikscha-Fahrern in Vietnam.

Wir stiegen aus und gingen Richtung Fähren. Immer und immer wieder blieben wir auf der Uferpromenade Kowloons stehen, um uns die Skyline der Stadt anzuschauen. Ich ließ mich mit Rigo in einer Fähre nach „Hongkong Island" übersetzen und stand nun mitten im Geschehen.

Einen Moment lang schloss ich die Augen und nahm die Geräusche der Stadt wahr. Es dauerte einen Augenblick, bis ich die verschiedenen Lautstärken zuordnen konnte: Presslufthämmer, Autohupen, Motoren, Sprachengewirr, Fahrradklingeln. So nahm ich Hongkong mit allen Sinnen wahr und überlegte, ob es möglich wäre, mit dieser Nummer bei „Wetten, dass … ?" aufzutreten: „Erraten Sie die Stadt an ihrem Lärm!" ZDF-Programmdirektor Markus Schächter sollte in den nächsten Tagen an Bord kommen, da würde sich sicher eine Gelegenheit zum Gespräch ergeben. …

Nachdem wir übergesetzt und uns kurz die Beine vertreten hatten, suchten wir uns nun den Weg nach oben. Wir wollten uns unbedingt vom höchsten Punkt aus alles ansehen. Dabei stießen wir auf die längste überdachte Rolltreppe der Welt, achthundert Meter lang, die uns in gut zwanzig Minuten 135 Meter hoch fast zum höchsten Punkt der Stadt, zur Jamia-Moschee, brachte. Von dieser Treppe sieht man seitlich das wirkliche Leben Hongkongs. Die Hinterhöfe, die Cafés der Einheimischen und die Männer und Frauen, die zur Arbeit fahren oder vom Einkaufsbummel zurückkommen.

Zu Fuß gingen wir das Stück bis zur Spitze des „Peaks". Der Blick nach unten war überwältigend. Tausende von kleinen Schiffen fuhren wie Spielzeugboote im Hafen hin und her und dort, der kleine, weiße Punkt, das war die MS Deutschland! Ein erhabenes Gefühl zu wissen, dass ich in ein paar Stunden wieder dort am Flügel sitzen würde, um ins neue Jahrtausend hineinzufeiern! Hier war ich – mitten in Hongkong – und in wenigen Stunden würde ich ins nächste Jahrtausend gleiten! Morgen würde ich mir den Tempel in der Mong-Tai-Sin-Road ansehen und mich für eine Spende ein wenig der mit Räucherstäbchen geschwängerten Stille hingeben. Einfach dankbar sein und mich treiben lassen.

Hier oben, an der höchsten Stelle Hongkongs, setzte ich mich auf die 60 Zentimeter hohe Begrenzungsmauer und war einfach nur dankbar, dies alles erleben zu können. Wie es wohl weiterging mit meinem Leben? Ob alles so blieb oder ob nichts so blieb? Es war schon immer so, dass die Schönheiten der Erde mich nachdenklich gestimmt und sehnsüchtig gemacht haben. Auch wenn ich vom Schöpfergott lange nichts wissen wollte.

Schließlich nahmen wir ein Taxi und ließen uns in die Nähe der Hennessy Road bringen. Das ist eine Straße, die erst nachts aktiv wird, aber mit ihren Leuchtreklamen auch am Tage magische Anziehungskräfte hat.

Landestypisch essen gehen? Na klar! Wir suchten uns ein passabel aussehendes Restaurant aus, doch schon beim Betreten wurde klar: Das ist Abenteuer pur! Die junge Dame am Eingang begrüßte uns freundlich auf Chinesisch und führte uns zu unserem Tisch. Die Tischdecke hatte wohl schon bessere Tage gesehen, denn sie sah aus, als ob drei Kindergärten auf ihr geübt hätten, mit Stäbchen zu essen. Der gertenschlanke Kellner kam mit einer chinesischen Karte und sprach uns auf Kantonesisch an. Irgendwie kam mir der Gedanke an Konfuzius, als ich ihn sah. Auf jeden Fall guckten wir, so gut wir konnten, chinesisch zurück, obwohl uns alles ziemlich spanisch vorkam. Ich wollte nun besonders schlau sein und fragte, mit dem Einverständnis von Rigo, nach „Chicken Food" (Hühnerfleisch), denn damit kann man eigentlich auf der ganzen Welt nichts falsch machen. Der Kellner nickte und freute sich, wir nickten ebenso. Mit uns saßen ein halbes Dutzend zahnloser Chinesen am großen runden Tisch und nickten auch. Dazu bestellten wir ein Dosengetränk, das auch alle anderen auf dem Tisch stehen hatten.

Die dreißig Minuten, die wir auf das Essen warteten, vergingen wie im Flug. Wir waren die einzigen Europäer in diesem Lokal und hatten jede Menge zu gucken. Man brachte uns heiße Waschlappen, die in ein wohlriechendes Etwas getunkt worden waren, damit wischten wir uns vor dem Essen die Hände sauber. Dann wurde aufgefahren: Jede Menge Reis, Gemüse und Chicken-Food. Das war schon ganz passabel, das Hauptgericht fehlte jedoch noch. Aber was war denn das, was uns „Konfuzius" da brachte? Chicken-Food? Das waren „Chicken Feet"! Hühnerfüße! Was wir auf dem Teller stehen hatten, waren zwei gebackene Hühnerfüße! Etwa zwanzig Mandelaugen-Paare waren in unserer näheren Umgebung auf uns gerichtet. Was würden wir tun?

Wir besprachen kurz, daran zu knabbern und durch erneutes Nicken Wohlwollen am Tisch auszudrücken. Als wir ein Stück von der gebackenen Beinhaut abgeknabbert hatten, setzte die Betriebsamkeit um uns herum wieder ein und jeder kümmerte sich um seine eigenen Geschäfte, als ob nichts gewesen wäre. Wir ließen uns das Essen, um nicht ganz so unhöflich zu sein, einpacken, bezahlten zusammen 50 Hongkong-Dollar, umgerechnet etwa 5 US-Dollar, und entsorgten unsere Hühner-Amputate in der nächsten Mülltonne.

Erst auf dem Schiff erfuhren wir, dass gebackene Hühnerfüße von der Landbevölkerung gerne gegessen werden. Sie verleihen Sprungkraft und Schnelligkeit, wobei wir Letzteres in der Tat bestätigen konnten.

Zurück an Bord kamen wir in eine rege Vorbereitungszeit. Es war 17 Uhr und auf allen Decks bereitete man sich auf die Silvesterparty vor. Im Kaisersaal probte die Musicalsängerin Deborah Sasson für den Gala-Auftritt um 22 Uhr, in der Bar „Lili Marleen" waren die Deck-Stewards dabei, die Sessel zu entfernen und Tische für das Dinner aufzubauen.

Die Hoteldirektion hatte entschieden, dass die beiden Tischzeiten heute zu einer zusammengelegt wurden. Das hieß aber, dass Platz für die Tische hermusste. Auf meinem Flügel standen noch rund hundert Cocktailgläser, was mir gar nicht gefiel. Aber heute war sowieso alles anders. Kathleen, die Barmanagerin, war eh schon voller Anspannung und in dieser Situation könnte bereits ein Wort das berühmte Wort zu viel sein.

Auf dem Weg zu meiner Kabine bemerkte ich auf der Treppe zu Deck 3 eine gewisse Unruhe. Schiffsarzt Dr. Karl Schöning war kurz zu sehen, außerdem einige Sanitätshelfer. Später erfuhr ich, dass ein Patient notfallmäßig sofort am Blinddarm operiert werden musste. An Bord war dies wegen des schlechten Wetters der vergangenen Tage nicht möglich gewesen, auch wenn Doktor Schöning alles vorbereitet hatte. Mithilfe der Seenotleitung Bremen konnten die Wachleiter dort über die Rettungsleitstelle Hanoi einen Hubschrauber in Einsatzbereitschaft stellen. Als Dr. Schöning dann die Information gab, dass der Patient stabilisiert sei, stand einer Übergabe an eine Klinik in Hongkong nichts mehr im Wege. Die MS Deutschland war mit ihrer Dialyse-Station, einem OP und je einer Quarantäne- und Krankenstation zu meiner Zeit eines der medizinisch am modernsten ausgestatteten Kreuzfahrtschiffe.

Ich hatte noch eine Stunde, um mich umzuziehen. Heute war Smoking-Tag. Etwa drei bis vier Mal pro Reise holte ich das gute Stück aus dem Schrank. Aus allen Kabinen tauchten plötzlich weiße Dinner-Jacketts auf, das heißt Herren, die sie trugen. Zigarrenduft ging durchs Schiff, denn jeder dritte dieser Herren in weißer Jacke saß in einer Bar und rauchte eine Havanna. Dieses Spiel zwischen den Geschlechtern gibt es wohl auf der ganzen Welt: Mann verlässt fluchtartig das Zimmer, damit Frau sich in Ruhe fertig machen kann.

Heute herrscht allerdings nahezu überall auf der „Deutschland" Rauchverbot.

Meine Musiker und ich trafen überpünktlich in der Bar „Lili Marleen" ein. Leider blieb keine Zeit mehr für den üblichen Espresso, die Bar war schon voller Menschen, und obwohl wir eigentlich noch zwanzig Minuten Zeit hatten, nahmen wir sofort unsere Plätze an den Instrumenten ein. Ein kurzer Blick – und Rigo zählte an: „One, two, one, two, three, four": „American Patrol" von Glenn Miller. Leise und doch schwungvoll. Sofort war eine Stimmung in der Bar, die jeden überflüssigen Lärm verklingen ließ. „Fuzzi" am Kontrabass freute sich und lachte über beide Ohren. Er war schlank, nahezu so groß wie sein Kontrabass, hatte ein graues Kinnbärtchen, das sich über der Oberlippe schloss, und jede Menge Lachfalten. Fuzzis Lache war so ansteckend, dass nicht nur wir, sondern das Gros der Passagiere automatisch mitlachte. Nun stand er da, mit seinem Kontrabass in der Hand, und wartete auf die nächste Nummer. Irgendwie hatte er es nun doch geschafft, von der eifrigen Barstewardess einen „Ladde Maggiado" (so Aussprache von „Fuzzi") zu ergattern. Man kann sich „Fuzzi" einfach nicht ohne Glimmstangel vorstellen, aber Pech für ihn: Beim Spielen ist die herunterhängende Fluppe nun wirklich nicht gestattet.

Um 18 Uhr war die kleine Tanzfläche in unserer Bar schon so voll, dass einige Paare sogar auf den Seitengängen tanzten. Gegen 18.30 Uhr gesellte sich Kapitän Andreas Jungblut mit einigen Offizieren dazu, um kurz vor dem Kapitänscocktail, dem ein Kapitänsdinner folgen sollte, noch einen Espresso zu trinken. Ein kurzes Kopfnicken sagte: „Macht's gut, Jungs!" und nach zehn Minuten waren die Offiziere wieder verschwunden. Immer in der Nähe: der Hoteldirektor, dem ganz wie einem alten preußischen General nichts entging. Händereibend beobachtete er den Kapitän auf Schritt und Tritt, um sofort eingreifen zu können, wenn etwas gewünscht wurde.

Kaum war die Gruppe um den Kapitän weg, kam Kreuzfahrtdirektor Franco Wolff in die Bar. Er war unser direkter Chief und hatte bis gerade den Proben im Kaisersaal beigewohnt.

Er war es, der mir an Bord alle künstlerischen Freiheiten ließ, bei ihm konnte ich mich ausprobieren, konnte experimentieren und ein bisschen Comedy in die Abende bringen. Bei allen persönlichen Divergenzen: Ich behaupte, wenn ich Franco Wolff nicht kennengelernt hätte, wäre ich auf der Bühne nicht so weit, wie ich es heute bin.

Die Passagiere hatten die Bar verlassen, um rechtzeitig beim Kapitänscocktail zu erscheinen. Ich machte mit dem Trio eine kurze Pause und stellte mich zu Wolff. Er sah gut aus in seiner weißen Uniform und den dreieinhalb Streifen. Nur einen halben Streifen weniger als der Kapitän. Sein Zuhause ist eindeutig die Bühne. Egal, was er auf den Brettern, die die Welt bedeuten, machte: Es gelang. Kein Wunder, schließlich beherrschte er mehrere Instrumente und veröffentlichte als Sänger über dreißig Schallplatten. Sozusagen nebenberuflich erlernte er den Beruf des Kameramanns und des Cutters und drehte bis heute über vierhundert Dokumentationen in aller Welt.

Wir besprachen kurz den Ablauf des Abends. Dann ging sein Pieper, er wurde woanders gebraucht. „Ende heute offen", sagte er noch, was so viel hieß wie: „Durchspielen, bis der Letzte geht!"

Dank einer professionellen Crew lief es in allen Abteilungen den ganzen Abend reibungslos. Wir für unseren Teil kamen um fünf Uhr morgens ins Bett. Vier Stunden später sollte ich bereits wieder präsent sein, ein Neujahrsgottesdienst war angesetzt, in dem ich nicht nur die gemeinsamen Lieder begleitete, sondern auch eines sang, das ich neu komponiert hatte. Doch vorher hatten wir in der Millenniumsnacht noch ein denkwürdiges Erlebnis.

Über die Bordlautsprecher wurde fünfzehn Sekunden vor Mitternacht der Countdown eingezählt. Gut zwei Drittel der Passagiere blieben im Kaisersaal, wo die Party des Jahrtausends weiterlief. Die anderen kamen an Deck, um ein riesiges Feuerwerk im Hongkonger Hafen zu bestaunen. Auch wir Triomusiker machten ein paar Minuten Pause, um nach oben zu gehen. Das musste doch ein Riesenspektakel geben, Millennium in Hongkong! Viele hatten ihr Handy rausgeholt, um schnell einen Gruß per SMS nach Hause zu schicken, kaum jemand dachte daran, dass es in Deutschland erst kurz vor 17 Uhr war.

Schon der ganze Abend war eine einzige Party gewesen, alle waren gut drauf, tanzten, sangen, erzählten, tranken, lachten. Ich hatte mitgemacht und nun, an der frischen Luft stehend, zeigte der Champagner auch bei mir seine Wirkung. Es ist wirklich manchmal ein Kreuz mit dem Alkohol. Man nimmt sich vor, disziplinierter damit umzugehen, doch die Umstände, so dachte ich oft, erlauben Ausnahmen. Ich hatte mich im Lauf der Jahrzehnte an den Konsum von Alkohol gewöhnt. Mit ihm versuchte ich zu kompensieren, was eigentlich nicht zu kompensieren war. Im gesellschaftlichen Leben nur Wasser zu trinken war erstens auf Dauer nicht so schmackhaft und zweitens in meinem Wirkungsbereich nicht salonfähig.

„Sie trinken ein Wässerchen? Das können Sie selbst bezahlen!", hieß es dann oft. Aus einem Drink alle zwei, drei Tage wurde schnell ein tägliches Gläschen und aus dem Gläschen ein Glas.

Der Champagner floss – „selbstverständlich bitte auch für unseren Pianisten ein Diplomatenwässerchen". Bereits beim Frühstück stand der Schampus bereit. Für die Stabilisierung des Kreislaufs natürlich.

Cocktails in allen Varianten verließen den Tresen unserer geschickten Barkeeper und immer wieder hieß es: „Ach bitte, bringen Sie dem Pianisten doch noch einen vorbei."

Das „Bier für den Mann am Klavier", das uns der verehrte Meister Paul Kuhn[16] eingebrockt hat, der Korn zur Verdauung, der Kräuterschnaps für den Magen, der Gin Tonic gegen Malaria, der Whisky zur Zigarre, der Cynar zur Fettverdauung, der Cognac zum Espresso. Ein Grund zum Trinken fand sich immer: Die Weinschorle diente der Erfrischung, der Long-Island-Ice-Tea sah aus wie ein großes Spezi und war somit perfekt getarnt, der Rotwein passte zur Abendstimmung, die Bloody Mary aus Tomatensaft und Wodka mit einem kleinen Stück Selleriestaude sorgte angeblich für das gesundheitliche Wohlergehen.

Dies alles und viel mehr nahm ich all die Jahre zu mir, während ich die achtundachtzig Tasten meines Klaviers bediente und ganz nebenbei ganze Tabakplantagen inhalierte. Ich merkte, dass ich zunehmend einen Ausweg aus diesen im Laufe der Zeit verändernden Dingen suchte. Denn ich beobachtete auch bei meinem Freund Franco Wolff, wie er sich jegliche Etikette im Umgang mit seinem Freundeskreis weggesoffen hatte. Abschreckend war das für mich, ja, aber nicht abschreckend genug, denn ich machte weiter und folgte ihm auf leisen, unauffälligen Sohlen.

Als ich jetzt fünfzehn Minuten vor Mitternacht oben an Deck stand, fühlte ich mich einsam. Komisch, dachte ich. Du hast doch alles. Ein wenig Ruhm, Spaß am Beruf, eine gute Heuer, Freunde ... Der Denkprozess dauerte nur zwei, drei Minuten. Ich kann nicht einmal sagen, was es letztendlich war, was mich ein paar Tränen vergießen ließ.

---

16 Nummer-1-Hit 1968: „Geb'n Se dem Mann am Klavier noch 'n Bier ..."

Wir standen als Trio immer noch auf Deck 9, backbord am Heck, und warteten auf das Feuerwerk von Hongkong. Mitternacht war schon seit zwei Minuten vorbei, das neue Jahrtausend hatte begonnen, aber es kam nichts, rein gar nichts! Nicht eine einzige Rakete! Charly Jobst, Barmanager, gesellte sich zu uns. „Ist doch klar", meinte er, „die Chinesen feiern ihren Neujahrstag doch erst im Februar und gerade in Hongkong halten die das strikt ein, seit sie chinesisch geworden sind." Wir nahmen es gelassen. Irgendjemand sagte, dass die MS Deutschland im Februar wieder hier sei und dann mit den Asiaten Silvester feiern würde. Wie schön, dachte ich, dann erlebe ich Silvester in Hongkong ja noch mal, von derselben Stelle aus! Sicher hätten wir von der Eigenwilligkeit des chinesischen Stadtoberhauptes von Hongkong gewusst, wenn wir heute Morgen beim Lektoratsvortrag gewesen wären. (Lektor ist der Mann an Bord, der den Gästen die Vorträge über die Länder hält, die angefahren werden.)

Wir gingen durchs Treppenhaus hinunter zu Deck 6, wo wir nach einer zwanzigminütigen Pause mit Applaus empfangen wurden, weil wir „endlich" die Konservenmusik ablösten. Dieses Mal zählte ich an: „One, two, – one, two, three, four … – I love Paris in the springtime." Das war unser Millennium 2000 – und weitere 1000 Jahre lagen vor uns.

Als wir ein paar Lieder gespielt hatten, sah ich, wie die älteste Passagierin an Bord, die Dauerfahrerin „Lady Ilse", in die Bar kam. Sie nannte jede und jeden einfach „Schätzchen", von der Kabinen-Stewardess bis hin zum Kapitän. Die meisten hatten sich schon daran gewöhnt. Aber sie hatte es auch faustdick hinter den Ohren, ich erinnerte mich an eine Begebenheit etwa drei Wochen zuvor.

Wir schrieben den 5. Dezember, einen Tag vor Nikolaus. Wenn ich's nicht an dem Morgen in der Schiffszeitung gelesen hätte, ich glaube, ich hätte vergessen, dass Nikolaus vor der Tür stand. Draußen an Deck herrschten gut 34 Grad im Schatten und eine

Luftfeuchtigkeit, die einem schon bei der geringsten Bewegung das T-Shirt durchnässte.

Da hielt ich mich lieber drinnen in den hervorragend klimatisierten Räumen auf, saß im Salon „Lili Marleen" und las im Tagebuch des Entdeckers Captain James Cook, das ich in der Bordbibliothek ausgeliehen hatte. Sylvia, die Bordhostess, eilte in der weißen Sommeruniform vorbei, hinter ihr, eine Leiter tragend, zwei Filipinos, dahinter unsere Floristin, kurz Flo genannt, mit einem Karton und zwei Plastiktüten.

Wenige Augenblicke später kam Charly, der Store-Manager, mit zwei riesigen Schokoladenweihnachtsmännern hinterher, einen weißen und einen braunen, in durchsichtigem Zellophan eingepackt. Er sah mich im Salon sitzen und rief breit grinsend: „Nix für dich, Waldi!" Dieser Satz hat, so lange ich zurückdenken kann, schon immer meine Neugier aufs Äußerste gereizt. So klappte ich mein Buch zu und folgte auf leisen Sohlen dem süßen Quintett. Ich meine mich zu erinnern, dieses Ritual zu kennen: In den Plastiktüten von Flo befanden sich leckerste Süßigkeiten und in dem Karton gelbes, wie soll ich sagen, „Ostermoos", das auch an Weihnachten zur Geltung kam.

Die meisten Passagiere ließen sich gerade an Deck zu einer Art Backhähnchen verwandeln oder schwammen drüben am Strand ein paar Runden. Es war also recht ruhig im Inneren des Schiffes und so konnte unsere liebenswürdige Hostess in aller Ruhe ihre Weihnachtsnester in den Treppenfluren platzieren, dort, wo die Zwischengänge von Backbord zu Steuerbord waren. Das war eine Menge Arbeit, gab es bei fünf Passagierdecks immerhin drei Treppenflure. Das machte zusammen fünfzehn „Nester", voll mit allerschönstem Hüftgold und je zwei 80 Zentimeter hohen Schokoweihnachtsmännern.

In dieser Nacht beendete ich mein Spiel in der Bar „Zum Alten Fritz" gegen 2 Uhr. Es war ein recht lebhafter Abend gewesen, bei dem die Männer in der Überzahl waren. Die Damen waren wohl vom Sonnenbaden so erschöpft, dass sie die kühle Kabine vorzogen. Doch auch das „starke Geschlecht" wird einmal müde und so war heute etwas früher Schluss als sonst. Außerdem gab's für die Crew eine sogenannte Crew-Party, wo die Barkeeper und Stewardessen aus der Bar zumindest noch das Ende mitbekommen wollten.

Ich deckte meinen Flügel ab, der draußen auf Deck 7 in freier Natur stand, schaute noch ein paar Minuten in den klaren, wunderschönen Sternenhimmel und ging über die Außentreppe am Heck zwei Decks höher, um am Pool vorbei mittschiffs wieder ein Deck tiefer zu gelangen. Auf der Treppe nach unten hörte ich plötzlich Geflüster. Ich blieb stehen und schaute zwischen den Tritten der Treppe auf das Geschehen unter mir: Dort hockte doch tatsächlich die besagte Lady Ilse mit einer Plastiktüte in der Hand und sammelte alle Süßigkeiten ein, die sie auf Sylvias wunderschön dekorierter Fläche finden konnte. Die halb volle Plastiktüte deutete darauf hin, dass sie wohl schon in den anderen Fluren aktiv gewesen war. Sie sprach mit sich selbst, das erklärte das Flüstern. In wenigen Stunden würden die ersten Passagiere schon wieder aufwachen und der schöne Weihnachtsgruß der Hotelleitung war nicht mehr da! Sollte ich mich einmischen? Ich überlegte und nahm leise wieder ein paar Stufen zurück nach oben, um dann, leicht hüstelnd, die Treppe erneut nach unten zu gehen.

„Guten Morgen, gnä' Frau!", sagte ich höflich, aber bestimmt und ergänzte: „Oh, Sie spielen Nikolaus für unsere Kleinen? Das finde ich prima!" Ich wollte schon weitergehen, doch sie schaute mich erschrocken an und ich spürte: Sie wusste genau, dass ihr Geheimnis nun unser Geheimnis war.

Zögernd antwortete sie: „Ja, ja, genau!", und legte hier ein paar Kekse ab und dort ein paar Marzipankugeln hin. Ich wartete nicht, bis sie fertig war, sondern wünschte ihr lachend eine gute Nacht. Unsere Bordhostess Sylvia bestätigte mir später, dass sie das häufiger erlebte, an Weihnachten wie auch an Ostern, und dass man natürlich nichts dagegen unternehmen könne. Es sei halt nur betrüblich.

Als ich durch die Gänge in Richtung meiner Kabine ging, sah ich, dass die Hotelleitung an alle Türklinken eine Tüte mit „Nikolausigkeiten" gehängt hatte. Was soll ich Ihnen sagen? Als ich am nächsten Morgen um 8.15 Uhr auf dem Weg zur Passagier-Andacht war, waren die beinahe abhanden gekommenen Weihnachtssüßigkeiten fast alle wieder da. Und Lady Ilse von heute Nacht, die war auch schon wieder auf den Beinen und verteilte lächelnd, zusammen mit dem Bordpastor, die Gesangbücher.

Zurück zum Millennium: Das Jahr 2000, dem die ganze Welt so entgegenfieberte, hatte also völlig unerwartet ohne Feuerwerk ziemlich unspektakulär begonnen. Für viele Passagiere enttäuschend und auch Käpt'n und Reederei wurden von der Entscheidung der chinesischen Regierung kalt erwischt. Immerhin hatte die Reederei bereits vor zwei Jahren locker eine viertel Million Dollar gezahlt, um das Traumschiff bei diesem einmaligen Weltereignis „Millennium 2000" an der schönsten und übersichtlichsten Anlegestelle Xiānggǎngs („Duftender Hafen"), direkt vor der weltberühmten Skyline, drei Tage zu parken.

Dunkle Silvesternacht im Victoria-Hafen zwischen Kowloon und Hongkong-Island. Doch die deutschen Fernsehnachrichten schienen damals auf einer anderen Insel mit dem Namen Hongkong gewesen zu sein. Die deutschen Sender zeigten Szenen mit den schönsten Feuerwerksveranstaltungen der Welt, so auch berauschende Bilder aus Hongkong, ein Jahrtausendereignis! Nur, dass wir vor Ort eben nichts sahen. Es stellte sich schnell heraus, dass man in Deutschland ins Archiv gegriffen hatte, weil „die Verbindung nach Hongkong nicht zustande kam", wie es hieß.

Als ich mit meinen Freunden das Oberdeck wieder in Richtung Salon „Lili Marleen" verließ, hatte ich zwei Seelen in meiner Brust: Die eine war emotional berührt und aufgewühlt von dem Erlebnis, Silvester 2000 im Hafen von Hongkong zu erleben und überhaupt über die Tatsache dieses wunderbaren Geschenks des Lebens, die Welt nicht nur kostenlos bereisen zu können, sondern sogar noch eine Menge Geld dabei zu verdienen. Die andere war unendlich traurig über die zwischenmenschlichen Baustellen, die ständigen Abschiede von Passagieren und Freunden; alle vierzehn Tage ging alles immer wieder von vorne los, wie ein Aufziehwerk funktionierte man, wurde mitgerissen in einem Strom, in dem schon so mancher untergegangen war. Ich hatte ein wenig Angst vor diesem neuen Jahr, aber ich konnte sie nicht greifen, wusste nicht, was es genau war, was mich da bewegte. Meine Ahnung sollte recht behalten, denn das Jahr 2000 wurde tatsächlich ein Schicksalsjahr für mich.

„Alles fließt." Auf einem Schiff ist die Wahrheit dieses Spruchs des griechischen Philosophen Heraklit besonders spürbar. Die Schiffsmotoren laufen weiter und schrauben sich schäumend, zusammen mit meinen Gedanken, durch die unendliche See. Wir alle, die wir wie eine große Familie über Jahre im Fünf-Sterne-Luxus über die Ozeane kreuzten, durften diese Welt aus einer ganz besonderen Sicht genießen. Die Arbeit an Bord war hart und diszipliniert, aber wie schön war es doch, in dieser Welt leben zu dürfen!

Später wurde aus dieser besagten Faszination sogar ein Lied: „Ich bin fasziniert ...!" Viele Hundert Jugendliche sangen den Refrain mit, als ich es während des Missio-Camps „Faszination Leben" 2003 in Bischofsheim als neuen „Missio-Song" vorstellte, und gut dreitausend Christen aus ganz Deutschland hoben die Hände zur Ehre des Herrn, als sie mit mir dieses Lied während der Jahrestagung der Evangelischen Allianz in Bad Blankenburg im August 2003 sangen. Es waren meine ersten Gehversuche als christlicher Künstler, denn erst im Herbst 2002 hatte ich mich ja für ein Leben unter der Führung von Jesus Christus entschieden.

Ich bin fasziniert

Ich bin fasziniert von dieser Erde, ich bin fasziniert von dieser Welt!
Mein Herz jubiliert – dem Herrn gilt die Ehre,
er hat mich heut in seinen Dienst gestellt!

Komm, lass uns wieder Tränen lachen, barfuß über Wiesen gehn.
Aus Gedanken Lieder machen, neue Sterne funkeln sehn.
Staunen über Regenbogen, über weißen Mondenschein.
Die Seelen sind wie aufgezogen, komm, lass uns weilen, lass uns sein!

Ich bin fasziniert von dieser Erde, ich bin fasziniert von dieser Welt!
Mein Herz jubiliert – dem Herrn gilt die Ehre,
er hat mich heut in seinen Dienst gestellt!

Komm, lass uns auch mal Tränen weinen, barfuß über Kohlen gehn.
Lass unsre Seelen sich vereinen, dankbar um die Erde wehn!
Lass Berge betend uns versetzen und uns nicht wundern, wenn's geschieht!
Lass die Gebete sich vernetzen und nicht nur glauben, was man sieht!

Ich bin fasziniert von dieser Erde, ich bin fasziniert von dieser Welt!
Mein Herz jubiliert – dem Herrn gilt die Ehre,
er hat mich heut in seinen Dienst gestellt! [17]

---

[17] *Ich bin fasziniert ...!*, Text u. Musik: W. Grab; erhältlich auf der CD: Bin so gern auf Erden (siehe Anhang)

17. Logbuch-Schnipsel

Sommer 2004. Die Reise war zu Ende, die Passagiere und einige Crewmitglieder hatten das Schiff verlassen. Die Welcome-Gala für die neuen Gäste war, bei aller Bescheidenheit, sensationell gut. Alle Künstler gaben ihr Bestes, Bravorufe fürs „Jazz-Trio Marcus Schinkel", für „Nicole und Hugo" und die „Art Nouveau Dancers". Die Passagiere waren gleich am ersten Tag völlig begeistert, hatten die Strapazen der Anreise an der Gangway gelassen und freuten sich sichtlich über die beginnende Reise und das gelungene Programm.

Ich sang, wie so oft bei den Welcome-Galas, den Song „Noah" und wurde vom Orchester „Ambros Seelos" begleitet. Diesen alten Schlager von Bruce Low kennen noch viele und so konnte ich mit etwas Altem, neu dargebracht, an diesem Abend punkten. Auf meiner CD „Bin so gern auf Erden – What A Wonderful World" konnte ich diesen Song als Erinnerung an die unzähligen Auftritte an Bord mit aufnehmen.

Der darauffolgende Tag auf See gab allen die nötige Ruhe, Kraft zu tanken. Es waren 28 Grad bei einer Luftfeuchtigkeit von 80 Prozent. Jeder Liegestuhl war bereits seit 9.30 Uhr besetzt. Die Stewardessen und Barkeeper schwitzten, was das Zeug hielt. Aber keiner murrte, alle machten ihren Job prima. Das ist das Besondere auf dem Traumschiff: Alle verrichten ihren Dienst hochprofessionell, auch wenn's hinter den Kulissen mal kräftig kracht.

Einige Passagiere schienen die Prospekte nicht richtig gelesen zu haben, welche empfehlen, sich nur vorsichtig der tropischen Sonne auszusetzen. Hartgesottene lagen gestern bei 30 Grad fünf

Stunden lang auf dem Rücken, um die Frontansicht schneller von büroweiß in kommodenbraun zu verwandeln. Nachts mussten die meisten auf dem Rücken liegen, weil ihre Bauchpartie eher einem scharf angebratenen Steak ähnelte. Die gelegentlichen Schreie, die man noch weit nach Mitternacht durch die Gänge hörte, kamen allerdings aus den Fernsehern, in denen noch ein Italo-Western übertragen wurde.

Bei den Schauspielern wurde während der Dreharbeiten zur ZDF-Traumschiff-Serie streng darauf geachtet, dass die Bräunungsstufen möglichst nahtlos ineinander übergehen. Ich erinnere mich, dass Maskenbildnerin Ida Arndt wirklich alle Regeln ihrer Kunst anwenden musste, als die überaus sympathische Schauspielerin Marion Kracht einmal in der Sonne eingeschlafen war und nun eher einem gekochten Hummer glich als einem europäischen Bleichgesicht.

Marion war für die Aufnahmen zur Traumschiff-Sendung „Las Vegas" 2001 an Bord gekommen, in der sie die Hauptrolle spielte: Die Tochter des Reeders Karl Petersen, der die Firmenleitung an sie abgeben wollte. Da sie im Film an Bord niemanden kannte, heuerte sie zunächst einmal als Stewardess an, um das Schiff kennenzulernen, bis der Reeder am Ende der Sendung an Bord kam und die Tarnung aufgedeckt wurde.

Ich saß in dieser Sendung am Flügel und begleitete die Sängerin Lea, gespielt von der wunderbaren Angela Roy, die ein gekonntes „Happy Birthday, Mr. President" im Stile der Monroe ins Mikrofon hauchte. Sie bewies jedoch mit den Songs „All That Jazz" und „Blue Heaven", dass tatsächlich auch eine großartige Sängerin und Tänzerin in ihr steckte.

Die Traumschiff-Sendung „Las Vegas" war anders als sonst. Die Offiziere hatten über Hostess Beatrice (Heide Keller) in dieser recht humorvollen Episode allesamt ein kleineres Stelldichein im Caesars-Palace-Hotel in Las Vegas organisieren lassen, dabei wusste natürlich keine der Filmfiguren vom anderen. Dies alles gefiel dem Reeder in der Wirklichkeit, Peter Deilmann, nach der Ausstrahlung übrigens überhaupt nicht, denn es sei nicht realistisch, dass seine Offiziere dieses „Bäumchen-wechsle-dich-Spielchen" betreiben.

Dem Humor dieser Sendung war das zwischenmenschliche Durcheinander jedoch nur förderlich, auch dank des genialen Regisseurs Dieter Kehler. Einen Wermutstropfen hat die Sendung allerdings verteilt, ohne dass irgendjemand auf der Welt es ahnen konnte, denn als der wirkliche Reeder Peter Deilmann zwei Jahre später an Krebs verstarb, übernahmen auch im richtigen Leben die Töchter das Unternehmen.

Doch zurück zu Marion Kracht. Die verschiedenen Bilder einer Szene können zwar an verschiedenen Tagen aufgenommen werden, im Film reihen sie sich jedoch direkt aneinander. Und wenn in einem Dialog der Gesprächspartner oder in diesem Fall „die Tochter des Reeders" plötzlich ohne ersichtlichen Grund die Hautfarbe wechselt, könnte das äußerst auffällig sein. „Anschlussfehler" sagt die Branche dazu. Diese Fehler kommen, gerade im Zeitalter der rasch aufgenommenen Soaps, bei denen die Professionalität aus Geldgründen hier und da auf der Strecke bleibt, immer häufiger vor.

Ein ebenfalls typischer Anschlussfehler wäre, wenn in der einen Sekunde das Cocktailglas noch voll ist, in der nächsten Blende aber schon halb leer, ohne dass in der Filmszene daraus getrunken wurde. Die Erklärung: Während der kurzen oder auch langen Drehpausen, in der die Kamerapositionen oder das Licht neu eingestellt wurden, hatte der Schauspieler oder Statist mal eben einen kleinen Schluck genommen.

Gelegentlich kommt es vor, dass bei Publikumsaufnahmen von einem Moment zum anderen Personen verschwunden sind oder ein neuer Statist plötzlich an der Stelle eines anderen steht. Andere Kleidung, veränderte Frisuren, Brillen, Uhren …, all diese kleinen Dinge können zu Anschlussfehlern führen, die für den Regisseur peinlich, für alle anderen eher belustigend wirken.

Die berühmtesten Anschlussfehler, die ich kenne, kamen übrigens im Film „Pretty Woman" vor, wo Julia Roberts plötzlich von einem Moment zum nächsten ihre Handtasche unter dem anderen Arm trug; oder in Fred Niblos historischem Film „Ben Hur", wo plötzlich ein Römer mit einer Armbanduhr am Handgelenk sichtbar wurde.

Nach meinem Weggang vom Schiff[18] habe ich oft über die sogenannten Anschlussfehler des Lebens nachgedacht. Wie oft drehte ich „meinen eigenen Film" nahtlos weiter, stürzte mich von einem Abenteuer ins andere, und wie oft waren Menschen irritiert vom vorgelegten Tempo. Binnen weniger Tage konnte ich eine neue berufliche Maske auflegen, als ob ich die alte nie aufgehabt hätte. Auf der einen Seite trieben mich meine Gaben und Talente zu beruflichen Leistungen, auf der anderen Seite gab es jedoch die Fähigkeit, Vergangenes ohne äußerliche Emotion abzustreifen und bis zum Nimmerleinstag zu verdrängen. Durch den Umgang mit Christen lernte ich jedoch, dass die Vergangenheit bewältigt werden muss, wenn man „Anschlussfehler" vermeiden will.

Dabei hilft der Blick ins Drehbuch und das aufmerksame Hören auf den Regisseur, was identisch ist mit dem regelmäßigen Lesen der Bibel und dem Zuhören, wenn Gott zu einem reden will. Wer als Christ durchs Leben geht, versucht in ganz besonderer Weise, in seinem Handeln und Beurteilen klar und transparent zu sein, weil er Gott die Sorgen des Lebens abgibt. Es war ein ganz neues Lebensgefühl, das mich da überkam!

Familie S., mit insgesamt sieben Personen an Bord, vermisste immer noch drei Koffer. Schon drei Tage dieselbe Garderobe. Hotelchef Gebel hatte nicht nur die gleiche Größe wie Herr S., sondern

---

18 Am 12.Dezember 2004 in Bridgetown/Barbados.

Auch das war an Bord für die Passagiere möglich, ich tat es zum Ausgleich: Tontaubenschießen, mitten in der unendlichen Südsee.

auch genug zivile Hosen, Hemden und Jacken, um zumindest dem männlichen Part der beliebten Stammgäste etwas auszuleihen. Edle Unterwäsche und Badebekleidung gab's mit Kreditkarte in der Bordboutique zu erwerben. Man war auf dem Schiff redlich bemüht, den Schaden zu begrenzen, und hoffte in Miami/Florida auf die erlösende Nachricht, dass die Gepäckstücke da waren.

Auf dem Weg dorthin halte ich nachmittags einen kurzen Kaffeeplausch mit den Freunden Nicole und Hugo, die in diesem Jahr in Belgien mit dem Lied „Love Is All Around" den zweiten Platz bei den Endausscheidungen für den „Grand Prix de la Chanson 2004" belegt hatten. Außerdem hatten sie in Belgien drei Abende lang ein Freiluftstadion gefüllt, wo insgesamt 45.000 Menschen ihre Show sahen. Sie waren schon Klasse, die beiden.

Am Abend zuvor waren sie es gewesen, die im Kaisersaal mit ihren drei Liedern in der Welcome-Show den berühmten Knoten platzen ließen. Danach war der Abend fast ein Selbstläufer.

Was mich freute: Die Bordzeitung „Echolot" brachte in dieser Woche aus aktuellem Anlass eine ganzseitige, bebilderte Titelstory über meine Jubiläumstour mit der Überschrift: „Zehn Jahre Ozeanpianist". Mitgerechnet war meine Zeit auf der „MS Columbus Caravelle" der Reederei Transocean-Tours in Bremen 1994/1995.

Miami/Florida. Einwanderungskontrolle der Home-Security. Wir sind wieder in den USA. Keine Würstchen mehr vorm „Alten Fritz", keine offenen Lebensmittel (Milch, Marmelade, Butter), keinen frisch gepressten Orangensaft und so weiter und so weiter. Alles, was sonst zum europäischen Standard gehört, wird aufgrund der amerikanischen Hygienegesetze für Kreuzfahrtschiffe für ein paar Tage in den Katakomben verstaut. Wir müssen zusammen mit den Passagieren um 8 Uhr morgens mit Reisepass und ausgefülltem Formblatt zur Gesichtskontrolle in den Kaisersaal. Die Fragen auf diesem Blatt waren wirklich witzig, die nachstehenden Antworten jedoch nur virtuell, in meiner immerhin noch zu Scherzen aufgelegten Fantasie.

„Leiden Sie an einer ansteckenden Krankheit?" – „Nein".
„An Aids?" – „Nein."
„An SARS[19]?" – „Nein …!"
„Haben Sie Fieber?" – „No."
„Haben Sie Kinder, die in den Vereinigten Staaten von Amerika leben?" – „Ich glaube nicht."
„Nehmen Sie Betäubungsmittel?" – „Not yet", „noch nicht."

---
19 Eine Infektionskrankheit, die 2002 zum ersten Mal in der chinesischen Provinz Guangdong beobachtet wurde und in rasender Geschwindigkeit weltweit um sich griff. Ich setzte mir dann im Interview mit meinem Sparringspartner Franco Wolff am Abend so einen weißen Mundschutz auf, Franco konnte nur mit Mühe ernst bleiben.

„Werden Sie während Ihres Aufenthaltes in den Vereinigten Staaten von Amerika eine Handlung begehen, die gegen Ethik, Sitte und Moral verstößt?" – „Ich glaube nicht, Sir."

„Für diese Befragung benötigen Sie sechs Minuten. Wenn Sie Vorschläge haben, dieses Verfahren zu verkürzen, schreiben Sie bitte an Ihre amerikanische Botschaft bla, bla."

„Thank you, Mister Grab, have a nice day."

Der Weg zum Bayside Market Place mit dem berühmten Jachthafen Miamarina, bekannt aus der Fernsehserie „Miami Vice", lohnt sich am heutigen Sonntag nur zum Gucken, nicht zum Shoppen. Alle Läden sind geschlossen. Während des Spaziergangs spreche ich bei schönstem Wetter und höchst erbaulichem Umfeld mit Bordpastor Odenwald über eine persönliche Missstimmung seinerseits. Er ist der Meinung, dass man den Pfarrer bei der Welcome-Gala nicht zwischen Zauberer und Seilakrobatik wie einen rapportierenden Seehund vorstellen sollte. Das Amt hätte es verdient, sich bei der Präsentation der Offiziere mit einreihen zu können. Das wäre, auch im Hinblick auf die von einem Bordpastor von Passagieren und Crew erwartete Tätigkeit, wesentlich angemessener.

Ich pflichtete ihm bei und riet ihm, darüber direkt mit der Künstlerbetreuerin in der Reederei zu diskutieren, und wenn dies nicht helfe, mit dem langjährigen Freund und Berater des Reeders, Hans-Joachim Birkholz, zu sprechen, mit dem ich ausgesprochen gute Erfahrungen gemacht hatte. Leider konnte ich häufiger beobachten, dass die Funktion des Bordgeistlichen nur geduldet wurde, weil es ein persönlicher Wunsch des Reeders war. Nicht selten mussten die Bordpastoren mehrmals während einer Reise die Kabine wechseln, weil es dem Kreuzfahrt-Direktor, der Hotelleitung oder dem zuständigen Reisekontor so gefiel. Das verlangte von den Geistlichen gelebte Demut mitten im Seelsorgebetrieb eines Fünf-Sterne-Luxusliners.

Wir lagen vor Miami. Eine feuerrote Sonne blähte sich von der

Backbordseite durch die hohen Fenster des Kaisersaales ein letztes Mal für diesen Tag auf, bevor sie im Meer versank. Ein voller Saal während meiner Abendshow, auch diesmal gingen die Gäste von Anfang an mit. Als besonderes Highlight begrüßte ich diesmal die bezaubernde Pianistin Siiri Schütz sowie die ebenbürtigen Kollegen Marcus Schinkel und Jo Barnikel. Sie stimmten in meinen Boogie-Woogie ein, sodass acht Minuten lang 40 Finger auf 88 Tasten tanzten. Ein nicht enden wollender Applaus des Publikums war der Lohn! Marcus ist ein begnadeter Jazzpianist und besticht durch sein Talent, Musik in einem anderen Kontext zu präsentieren. Mit seinem Programm „News from Beethoven" spielte er sogar auf Einladung der Deutschen Botschaft in Vietnam und sorgte in einem TV-Feature auf „arte-Kultur" für Aufsehen. Johannes „Jo" Barnikel ist mir an Bord einer der liebsten Freunde geworden. Er begleitete unter anderem Udo Jürgens, René Kollo und Katja Ebstein und zeichnete als Komponist für viele Film- und Fernsehmusiken, wie den ARD-Tatort, verantwortlich. Aber was zählt, ist, dass er zur damaligen Zeit ein guter Freund war.

Siiri, die sich vor unserem „40-Finger-Auftritt" noch kurz in die Kunst des Boogie-Woogie einführen ließ, hatte bereits mit sechzehn Jahren ihr Debüt als Solistin bei den Berliner Philharmonikern unter Claudio Abbado gegeben. Menschen wie sie sind in ganz besonderer Weise beschenkt.

Gegen Ende meiner Show sangen dann Nicole und ich den alten Louis-Armstrong-Hit: „Onkel Satchmos Lullaby". Es sah zu putzig aus, sie, sehr smart und mit blonden Zöpfchen, und ich daneben, nicht ganz so smart und mit Louis Armstrongs Reibeisenstimme. Stehende Ovationen.

Bis 2 Uhr morgens saß die kleine Künstlerrunde mit etwa siebzig Passagieren noch zusammen vor der Bar „Zum Alten Fritz" um meinen Flügel herum. Die ARD war an Bord und drehte unter anderem einen kleinen Film über den „Ozeanpianisten", der in den Vorabendprogrammen in nahezu allen regionalen ARD-

Vorabendprogrammen lief. Top-Werbung auf einem Top-Sendeplatz!

Meine Biografie „passt zwar auf keine Kuhhaut", wie es manche Veranstalter formulieren, doch was soll ich tun. Ich werde, so lange ich denken kann, bis zum nahtlosen Übergang in die Ewigkeit für jede Minute dankbar sein. Hinter diesem Leben kann bei genauerem Hinsehen nur einer stecken: Gott. Der, der alles und jeden geschaffen hat.

18. Die Beatles und die Gideons

Ich werde immer wieder gefragt, was es denn mit diesen Gideon-Bibeln auf sich hat, die man in der ganzen Welt in den Hotelschubladen findet. Zunächst einmal: Es ist keine neue, eigene Übersetzung, sondern, was die deutsche Ausgabe angeht, eine Bibel im revidierten Luthertext von 1984. Die Geschichte der Gideons ist schnell erzählt, denn wenn Gott einen Plan mit einzelnen Menschen hat, bedarf es deren Disposition, ein offenes Herz für den Vermittler der Botschaft, den Heiligen Geist – und die Freude an einer geduldigen Umsetzung trotz schwieriger Umstände.

Zwei Handelsvertreter trafen sich in einem Hotel in Wisconsin, im Mittelwesten der USA, und stellten fest, dass sie beide Christen waren. Sie tauschten sich aus, beteten miteinander und beide hatten danach die Vision, eine Vereinigung christlicher Handelsreisender zu gründen. Sie nannten sich „Die Gideons". Der Name Gideon stammt aus dem Buch der Richter im Alten Testament, Kapitel 6 und 7. Gideon war der Führer einer kleinen Gruppe von Männern, die bereit waren, Gott zu dienen. Durch sie konnte Gott sehr viel für sein Volk Israel tun.

Aus dem kleinen Zusammentreffen im Jahre 1898 wurde schließlich eine weltweite Vereinigung, die bis heute aktiv ist. Die „Gideons" kommen aus allen christlichen Kirchen, Gemeinschaften und Versammlungen und verstehen sich als „erweiterter, missionarischer Arm" ihrer Gemeinden. Ihre Mitglieder sind Menschen in verantwortlichen und leitenden Positionen und legen nach Absprache mit den zuständigen Betreibern Bibeln und Neue

Testamente in Hotels, Pensionen, Wartezimmern, Krankenhäusern und Justizvollzugsanstalten aus. Außerdem verteilen sie Neue Testamente mit Psalmen und Sprüchen an Schüler, Studenten, Soldaten, Ärzte, Krankenpflegepersonal und andere Personen. Die Vereinigung der Gideons arbeitet in fast 200 Ländern der Erde und es wurden bisher – stellen Sie sich das vor! – mehr als eine Milliarde Bibeln und Neue Testamente weitergegeben.

Sogar die Beatles haben die berühmte Bibel in ihrem Lied *Rocky Raccoon* erwähnt:
    Now Rocky Raccoon, he fell back in his room,
    Only to find Gideon's bible.
    Gideon checked out and he left it no doubt,
    to help with good Rocky's revival.

Was frei übersetzt, auch im Hinblick auf die übrigen Strophen des Liedes, in etwa heißt:
    Und jetzt kam Rocky Raccoon zurück auf sein
    Zimmer, wo er nur die Gideon-Bibel vorfand,
    die Gideon wohl beim Auschecken liegen gelassen hatte,
    um Rocky bei seinem „Neubeginn" (Wiedereinstieg ins
    Leben) zu helfen.

Die Arbeit der Gideons ist ein echter Segen – und ich kann mich in der Tat glücklich schätzen, dass ich über das intensivere Lesen einer dieser Bibeln zum Glauben an Jesus Christus gefunden habe.

19. Ankerphilosophien

Mit Kapitän Mario Schäfer, einst äußerst beliebter Erster Offizier auf der MS DEUTSCHLAND, verbinden mich viele gemeinsame Fahrten. Außerdem studierte ich mit dem Bord-Shanty-Chor ein eigens für ihn geschriebenes Abschiedslied ein, als er sich von unserem „Traumschiff" verabschiedete. Sein Weggang fiel uns allen damals nicht leicht, doch er hat es richtig gemacht. Er schaffte den Absprung, um eine Familie zu gründen, und ist heute ein gut ausgebildeter, sehr erfahrener und versierter Lotse.

Vor einigen Jahren tauschte ich mich einmal per Mail mit ihm über die Bedeutung und die Handhabe des richtigen „Ankerns" aus, denn immer wieder hörte ich in Andachten und Predigten die Metapher: „Wirf den Anker und finde deine Heimat" oder: „… sie haben den Anker der Ehe geworfen." In einer norddeutschen Zeitung fand ich einmal eine Notiz, die unter der Rubrik „Stilblüten" eingeordnet war: „Der Frachter liegt sechs Seemeilen vor Amrum auf sechs Meter Wassertiefe vor Anker. Da die ‚Pallas' sieben Meter Tiefgang hat, besteht Gefahr der Grundberührung."

Wie gesagt, mich beschäftigte das Thema sehr und so schrieb ich Kapitän Mario Schäfer meine Fragen bezüglich eines richtigen oder falschen Ankerns und er antwortete mir Folgendes:

Wenn man einen Anker aus voller Fahrt fallen lässt, dann würde wahrscheinlich die Kette reißen, oder die Bremse, die die Ankerkette über die Ankerwinde festhält, würde sich lösen und die Kette würde, fachmännisch ausgedrückt, ausrauschen. Als Seemann macht man so etwas natürlich nicht. Bevor man den Anker wirft, nimmt man die Fahrt aus dem Schiff, man reduziert die Geschwindigkeit bis zum Stillstand. Anschließend lässt man den Anker fallen, andere Begriffe hierzu sind „Anker werfen" oder nur „ankern", und wartet, bis die Kette „steif" ist. Das lässt sich leicht überprüfen, indem man die Hand auf die ausgeworfene Kette legt. Wenn man fühlt, dass die Kette ruhig bleibt, weiß man, dass der Anker hält. Abhängig von der Wassertiefe lässt man etwa die drei- bis vierfache Kettenlänge hinab. Dass der Anker keinen Grund findet, ist kaum möglich, denn man informiert sich vorher anhand von Seekarten über die Wassertiefe. Es kann möglich sein, dass der Ankergrund sehr klein ist und man ihn verfehlt. Durch das Eigengewicht und die Geschwindigkeit des Herablassens kann dies jedoch wieder dazu führen, dass der Anker „ausrauscht" (siehe oben), weil die Bremse an der Winde ihn nicht mehr halten kann. Wenn der Ankergrund nicht gut ist (z. B. zu schlammig), dann würde man die Kette verlängern (nachstecken), und wenn auch das nicht hilft, „hievt" man den Anker wieder, fährt ein Stück weiter und versucht es noch einmal. Auf der Brücke eines Kreuzfahrtschiffes bleibt kontinuierlich eine „Ankerwache", die permanent die Position des Ankers überprüft und sofort feststellen würde, wenn er nicht mehr hält. Besonders bei starkem Wind muss man hier äußerste Sorgfalt walten lassen. Wenn das Schiff vom Wind zu weit „vertreibt", dann steckt man wieder Kette nach. Hilft das nicht, nimmt man den Anker auf und versucht, das Schiff mit der Maschine in Position zu halten. Es ist jedoch, je nach Situation, auch möglich, den Anker im Wasser zu lassen und mit Motorkraft die Position des Schiffes zu halten.

Die Frage, die *ich* mir nun stellte, war: Wie kann ich diese Ankerbeispiele aufs Leben, oder noch expliziter auf das Leben als Christ übertragen, wo sind hier die Grenzen in diesem bildlichen Vergleich gesetzt?

    Wir Menschen sind geschaffen, um in Frieden, Harmonie und

Gottesfurcht zusammenzuleben. Dass jeder der derzeit fast sieben Milliarden Menschen dabei ein Einzelstück ist, lässt sich mit dem Verstand kaum begreifen. Kein Fingerabdruck ist doppelt, keine Gen-Kette stimmt mit einer anderen überein.

Auf der anderen Seite wiederholt sich aber alles im Leben. Wünsche, Gedanken, Sehnsüchte und Bedürfnisse sind alle schon einmal da gewesen, im harmonischen Bereich genauso wie im disharmonischen Bereich, um es einmal auf die musikalische Ebene zu lenken. Und doch gibt es immer wieder Melodien, Reden, Taten, Erfindungen, Weisheiten, die uns neu erscheinen, und man fragt sich, warum man nicht selbst darauf gekommen ist.

Ein großer Teil unserer Fähigkeiten und Gaben ist in unserer Vergangenheit verwurzelt. Bei sorgsamer Recherche kann man sie ein paar Generationen zurückverfolgen. Doch wer sich intensiver mit den Verwurzelungen seines Lebens beschäftigt, landet früher oder später bei den Ursprüngen seines „Stammbaums".

Verwurzelungen sind keine Verankerungen. Wer verwurzelt ist, hat erkannt: Hier ist mein Lebensbaum, hier erhalte ich Nahrung. Je tiefer meine Wurzeln im Laufe der Jahre treiben, desto wertvoller sind die Nährstoffe, die ich aufnehme, desto reifer sind die Früchte, die ich trage, desto fester und unumstößlicher ist der Platz, an dem ich stehe. Es kann mich nichts mehr erschüttern, nichts kann mir etwas anhaben. Hierher bin ich gepflanzt worden, hier erlebe ich Frühling, Sommer, Herbst und Winter, hier trage ich Früchte, hier baue ich Nester, hier gebe ich Schutz.

„Ich gleiche einem Baum, der seine Wurzeln zum Wasser streckt; auf seine Zweige legt sich nachts der Tau" Hiob 29,19 (Hfa).

Es gibt gewisse Warnzeichen, die uns zeigen, an welcher Stelle wir uns selbst das Leben immer wieder schwer machen. Manche Lebensweisheiten hat man auf der Grundlage der eigenen Erfahrungen für sich und andere so bedingungslos formuliert, dass man sich selbst und andere nicht daran rütteln lässt. Meistens sind es dann die eigenen Kinder, die es doch tun und die Erfahrungen der Alten respektlos umdeuten.

Merke: *Aus einem jungen, experimentierenden Streben wird ein Beruf, aus ihm erwächst die Routine, aus der Routine die Gesetzmäßigkeit, aus ihr die Betriebsblindheit und aus dieser die Überheblichkeit. Aus der Überheblichkeit resultiert das Unverständnis, aus dem Unverständnis das bittere Herz und aus diesem die Einsamkeit. Jedoch kann in jeder dieser Phasen mit dem Anerkennen des Führungsanspruches Gottes sehr rasch auch eine Berufung erfolgen.*

20. „Mord an Bord"

Heute war wieder ein besonderer Abend für die Gäste geplant: Gestern die musikalische Verabschiedung durch die Künstler und nun noch eine außerplanmäßige VIP-Abschluss-Gala. Die Musical-Sängerin Deborah Sasson war mit ihrem Gefolge vor drei Tagen an Bord gekommen. Die wenigsten hatten sie gesehen, weil sie gleich in ihrer Suite verschwand. Ihr Manager und Partner war liebevoll bemüht, ihr jeden Wunsch von den hinter einer dunklen Sonnenbrille versteckten Augen abzulesen, doch wen die Seekrankheit einmal gepackt hat, der möchte einfach nur sterben …

Für elf Uhr hatte sie die Orchesterprobe angesetzt. Deborah war mit eigenem Dirigenten, mit Manager, mit einem Pianisten und zwei Sängerinnen angereist. Außerdem nahm sie das Bordorchester und einen weiteren Pianisten, der die Keyboards bedienen konnte, in Anspruch. Großer Bahnhof also, bei dem unser Lübecker Bordpastor Dittrich für die beiden Backgroundsängerinnen Sassons die Kabine räumen musste und in eine kleinere, recht unbequeme Kajüte zog. Nun, das ist eigentlich nichts Besonderes auf einem Kreuzfahrtschiff, dass Künstler auch während der Reise manchmal ihre Kabine wechseln müssen für Passagiere, die gerne eine andere hätten als die, die sie ursprünglich gebucht haben. Oder, wie in diesem Fall, für die Dienerschaft einer Diva.

Das Eigentümliche hieran ist jedoch, dass man nicht mal eben in die benachbarte Kabine umzieht, sondern in den meisten Fällen mit Sack und Pack in die 150 Meter entfernte. Und es kommt auch schon mal vor, dass diese Kabine dann noch ein Deck höher oder tiefer und auf der anderen Schiffsseite liegt. Warum einfach, wenn's auch schwierig geht?

Ich erinnere mich, dass ich dies gleich bei meiner ersten Fahrt praktizieren durfte und von Kabine 5082 in Kabine 5081 umziehen sollte. Klingt eigentlich gut, nicht wahr? Die Freude darüber, dass die Kabinen wohl dicht nebeneinander liegen würden, währte jedoch nicht lange, denn die geraden Zahlen befinden sich auf Kreuzfahrtschiffen auf der Steuerbordseite und die ungeraden auf der Backbordseite. Und die Wege auf einem Traumschiff können lang sein, wenn man drei Koffer, einen Kleidersack, einen Rucksack und das ganze musikalische Equipment durch die Gänge schleppt.

Schließlich ist unsere „Deutschland" 175 Meter lang und 35 Meter breit. Letztendlich kam es aber immer ein wenig auf die Hotel- und Kreuzfahrtdirektoren an, die gerade in Diensten der Reederei standen. Die einen setzten sich für das Wohlbefinden ihrer Künstler ein, die anderen ganz klar nicht. Erst als ich anklingen ließ, dass ich mit meinen Musikern abreise, wenn gewisse Drangsalierungen nicht ein Ende haben, behielt ich sieben Jahre lang, bis zur letzten Reise, immer dasselbe „Zuhause": 5081, eine Außenkabine der Kategorie „Klassik" auf der Backbordseite (links), die letzte hinten am Heck.

Das Phänomen auf dieser siebenmonatigen Weltreise war, wie ich später resümieren konnte: Kapitän, Staffkapitän, Hoteldirektor, die stellvertretende Kreuzfahrtdirektorin, aber auch ein halbes Dutzend Künstler verließen, scheinbar unabhängig voneinander, das Schiff ohne Wiederkehr.

Das Bordorchester wechselte sogar auf die MS EUROPA. „Es scheint wohl also noch etwas Besseres zu geben", dachte ich damals als Neuling im Jahr 1998 – aber ich blieb noch bis Dezember 2004 und entwickelte mich zu einem der *„beliebtesten Künstler an Bord"*, wie der Reeder Peter Deilmann in einer an mich gerichteten Widmung auf eine der Getränkekarten schrieb, bevor er zusammen mit Hoteldirektor Engelbert Lainer nach einer Shanty-Nacht die Pianobar „Zum alten Fritz" verließ.

Ich stand am Morgen auf Deck 9 am Außenpool der MS Deutschland. Er war nur noch halb voll, entweder hatte man das Wasser abgelassen oder, was ich eher vermutete, es war übergeschwappt. Außerdem war ein Sicherheitsnetz darübergespannt, sodass man keine Möglichkeit hatte, hineinzuklettern, zu springen oder zu fallen. Es regnete nicht mehr und die dunklen Wolken hatten sich tatsächlich verzogen. Zumindest genau über dem Schiff. Ringsherum war es noch düster und auch das „Auf und Nieder des Bugs" ging unaufhörlich weiter.

„Na, Herr Grab, träumen Sie von der Südsee?", lachte Engelbert Lainer, als er in seinem weißen Offiziersanzug an mir vorbeiging.

„Stimmt genau!", antwortete ich und lachte zurück.

Hoteldirektor Lainer war der, der einige Zeit später die Bestsellerautorin und Fernsehmoderatorin Hera Lind an Bord des Schiffes kennenlernte und am 30. August 2002 heiratete. Damals war Hera Lind aufs Schiff gekommen, um ihr Buch „Mord an Bord" zu schreiben. Es gehörte nicht zu ihren besten, aber immerhin angelte sich die sympathische Allroundfrau uns auf dieser Reise einen der versiertesten Hoteldirektoren der Reederei weg. Damals wurde dies alles im Blätterwald der deutschen Klatschzeitungen verhandelt und wie immer haben die Redakteure viel dazugedichtet und vieles weggelassen.

Die beiden haben ziemlich gelitten in der Zeit, und vieles, was geschrieben wurde, war nicht fair. Aber wie das oft so ist im Leben: Nicht nur Liebe, sondern auch gemeinsames Leid kann zusammenschweißen. Erschwerend war bei aller Negativpresse aber auch die Tatsache, dass beide ihre Partner und ihre Familien verließen, um mit einem anderen Menschen noch einmal ganz von vorne anzufangen. Und während auf der einen Seite zwei

Menschen neu beginnen, stehen die Zurückgebliebenen vor den Trümmern der Ehe und vor einer ungewissen Zukunft.

Erst zwei Jahre später, nach meiner bewussten Hinwendung zum christlichen Glauben, konnte ich dies aus einem anderen Licht sehen. Mir wurde auch am Beispiel meines eigenen Lebens klar: Bei aller Freiheit, die uns Gott gegeben hat, gehören die Zehn Gebote zur Grundausrüstung unseres Lebens unweigerlich dazu – und eines dieser Gebote heißt: *„Du sollst nicht die Frau eines anderen Mannes begehren (und umgekehrt)! Begehre auch nichts von dem, was deinem Mitmenschen gehört: weder sein Haus noch sein Feld, seinen Knecht oder seine Magd, Rinder, Esel oder irgendetwas anderes, was ihm gehört"* (5. Mose 5,21, Hfa).

Wie gerne würde ich diesbezüglich meine Lebensuhr zurückdrehen, um heute einiges anders zu machen.

21. Coca-Cola, Yes und No

Es gibt noch eine sehr schöne Begebenheit, die ich mit Rigo, meinem langjährigen Schlagzeuger, erlebte. Wir befanden uns zwei Tage auf Tonga und er hatte, sichtbar aufgedreht, bereits ein Taxi herangepfiffen. Als es vorfuhr war ich überrascht, denn mein Freund tat heute mal das, was er sonst nie tat: Er saß vorne und unterhielt sich mit Händen und Füßen mit einem unaufhörlich lachenden Taxifahrer. Der Grund für seine zahlreichen Gesten: Rigos Englisch beschränkte sich auf *„Coca-Cola"*, *„Yes"* und *„No"* sowie auf die phonetische Aussprache der englischen Standardsongs unseres Swing-Trios. Auch das Anzählen der Stücke *„one, two – one, two, three, four"* war ihm geläufig, aber er beherrschte die Aussprache grottenschlecht.

Als ich ihm einmal die Schlagzeugnotationen für ein neues Stück gab, nahm er mich nach den Proben für einen Auftritt mit den großartigen Sängern der „Drei jungen Tenöre" beiseite und sagte in urtypischem Hamburgerisch: „Du, Waldi, das is' ja echt gediegen, da steht nu „fast Swing" – aber was soll das? Entweder isses Swing, oder es is' keiner!" Dabei sah er mich durch seine glasbausteinartigen Brillengläser so unschuldig an, dass ich herzhaft lachen musste. Das *„fast Swing"* war englisch und bedeutete nichts anderes als „schneller Swing".

Zwanzig Jahre lang gehörten Rigo und ich, zusammen mit Heinz Matthies am Kontrabass, zu den am meisten gebuchten Swing-Trios Deutschlands und die feine Gesellschaft öffnete uns alle Türen zu den Reichen und Schönen. Rund tausend Mal eröffneten wir unsere Konzerte mit dem klassischen *Mack The Knife* aus der Dreigroschenoper, und mit meinen gesungenen Louis-Armstrong-Interpretationen konnte ich schnell die Herzen der Swing-Freunde erobern. Flügel, Schlagzeug und Kontrabass – das war unsere Welt und nichts konnte sie uns nehmen. Wirklich *nichts?*

Rigo übernahm Anfang des Jahres 2004 ein Engagement in einem anderen „Bord-Trio", während ich als Solopianist an Bord war. Er stieg nichts ahnend im Dezember aus, genau wie ich, und starb wenige Wochen später an der heimtückischen Krankheit Bauchspeicheldrüsenkrebs. Heinz „Fuzzi" Matthies folgte ihm drei Jahre später – das Trio gab es nicht mehr.

Ich war meinem Gott damals sehr dankbar, dass ich das Schiff ebenfalls verlassen hatte und mich zu Hause von einem Freund mit guten Gesprächen über das gemeinsam Erlebte, über die tollen und wilden Jahre, die durchlittenen Spannungszeiten, aber auch über den Glauben und die Ewigkeit, verabschieden konnte. Das Charisma von Rigo lebt weiter und manchmal kommt es mir so vor, als würde er ein Stück „anzählen", wenn ich alleine am Flügel sitze.

Meine Hoffnung und mein Gebet sind, dass er für sich, am Ende eines reichen Lebens, Jesus Christus als Herrn angenommen hat.

22. Wahre Freundschaft

Wenn ich heute in den Tratsch- und Klatschsendungen der TV-Sender sehe oder in der Regenbogenpresse lese, wie sich Menschen in Luftschlösser und Schuld verstricken, dann werde ich still – und frage mich, was aus dem Hallodri der letzten drei Jahrzehnte des alten Jahrtausends geworden wäre, wenn Gott mich nicht angesprochen hätte.

Wenn Gott nicht monate- oder gar jahrelang vorher mein Herz peu à peu geöffnet und mir immer wieder Menschen in den Weg gestellt hätte, die mir Gutes taten. Nicht alle waren gläubig, aber einige von ihnen dafür umso mehr.

Es gab sie, die Menschen, die mich bei den unterschiedlichsten Gelegenheiten und Anlässen auf Gott oder Jesus Christus hinwiesen, als sie meinen Weg kreuzten. Die einen aufdringlich, die anderen still, die einen mit einem halben Prospektständer voller Entscheidungsschriften unter dem Arm, die anderen mit guten Werken. Bunt, authentisch, verrückt, ehrlich … Ich habe sie alle nicht ernst genommen.

Nur in mir drin, da spürte ich, dass die, die in ordentlicher und authentischer Weise für ihren Jesus brannten, sich von den anderen oft gravierend unterschieden. Es waren Menschen, die ihren Glauben nicht nur bezeugten, sondern auch lebten, die einfach nur im rechten Augenblick präsent waren und nicht in die eine oder in die andere Richtung abhoben. Sie waren sogar da, als ich überhaupt nichts wissen wollte von all dem; als sie das spürten, schwiegen sie, um für mich zu beten. Aber Glaube war für mich Kirche – und Kirche, das war nichts.

Das war vor vielen Jahren zwar einmal anders gewesen. Als Kind und Jugendlicher war ich recht aktiv gewesen, was Jungschar und christliche Jugend angeht. Doch im Laufe der Zeit hatte sich dann vieles von dem, was man mir mitgeben wollte, ins Gegenteil verkehrt. Während bei den Gleichaltrigen der Glaube recht tief saß, das spürte ich, war durch mein recht großes Gabenspektrum mein Kalender schon in jungen Jahren über alle Maßen gefüllt. Keine Zeit für ernsthaftere Bibelstudien oder Kurse, dabei sein war alles.

Bei den einen wuchsen die christlichen Wurzeln damals gleich sehr tief in den Boden und verankerten sich dort. Bei mir war der sogenannte Glaube eher mit einem Efeugewächs vergleichbar. Das hatte immergrüne Blätter, aber es wuchs in die Breite und in die Weite, doch leider nicht in die Tiefe. Irgendwann stolperte ich über mein eigenartiges „Glaubenspflänzchen", riss es aus und verbannte es gedanklich auf Nimmerwiedersehen.

Und doch stellte mir Gott im Laufe der Jahrzehnte immer wieder Männer und Frauen in den Weg, die mir durch ihre einfache und ansprechende Art zu glauben irgendwie imponierten. Allerdings erreichten sie es nie, mich vom „Saulus zum Paulus zu bekehren".

Ich denke in diesem Zusammenhang insbesondere an einen der Personenschützer des damaligen Bundeskanzlers Helmut Schmidt. Mit ihm freundete ich mich an, während zu den übrigen der Kontakt beruflich distanziert-freundlich blieb. Wir lernten uns kennen, trafen uns privat. Diese Freundschaft mit meinem „persönlichen Bodyguard" war äußerst herzlich. Joachim B. und seine Frau Hildegard waren damals schon bekennende Christen und erzählten mir immer wieder von ihrem Glauben. Ich hörte brav zu, es beeindruckte mich sogar, aber ich hatte andere persönliche Ziele. Und so zog ich unverändert meinen Weg. Joachim wurde irgendwann befördert und zu einem anderen hochrangigen Politiker versetzt, und obwohl wir gute Freunde waren, verloren wir uns aus den Augen. Doch unter dem Sternenhimmel des Schöpfers trifft man sich immer zweimal. In unserem Fall war dies immerhin knapp dreißig Jahre (!) später bei einer Veranstaltung im Blaukreuzheim in Burbach-Holzhausen. Dort kamen wir auf Vermittlung des gemeinsamen Freundes Hartmut Jaeger, Geschäftsführer eines christlichen Verlages, zusammen. An diesem Tag erzählte Joachim mir mit bewegenden Worten, dass er zusammen mit seiner Frau noch dreizehn Jahre lang nahezu täglich für mich gebetet habe. „Danach", so gab er zu, „hörten wir, was du für ein ‚Lebemensch' geworden bist, und haben dann jemand anderen auf den Gebetszettel gesetzt."

Was war das für eine Geschichte! Während ich all die Jahre in den Ausschweifungen des Fünf-Sterne-Status lebte und nahezu tagtäglich gegen ethisch-moralische Grundregeln verstieß, beteten zwei ehemalige Freunde irgendwo regelmäßig am morgendlichen Kaffeetisch für mich.

Die Früchte dieser langen Treue wurden erst fünfundzwanzig Jahre später sichtbar und das, was ich nicht für möglich gehalten hatte, trat ein: Ich entschied mich aus freien Stücken und ohne fremde Hilfe tatsächlich für den christlichen Glauben: Im Jahr 2002, am Pool des Traumschiffes MS Deutschland, auf dem Weg von Sydney nach Bali.

Heute gehören Joachim und Hildegard zu meinen engsten Freunden und Jo sitzt als wichtiger Berater im Beirat meines Missions- und Sozialwerkes Hoffnungsträger e. V.[20]

Ein guter Freund, der auch erst vor einigen Jahren zum christlichen Glauben konvertierte, half mir sehr bei der Vergangenheitsbewältigung. Er nahm sich Zeit, all die Puzzlesteine meines Lebens, die sich bildlich gesprochen tonnenschwer in meinen

---

20 gegründet 2006 im ehemaligen Freizeitheim der Deutschen Zeltmission, Haus Patmos, Siegen. Info: www.hoffnungstraeger.info

Hosen- und Jackentaschen gesammelt hatten und nur in ganz geringer Anzahl in diesem Buch sichtbar geworden sind, einmal auszupacken und auf den Tisch zu legen. Ich schleppte diese Jahrzehnte mit mir herum, weil sie in Wirklichkeit das einzig Wertvolle waren, was ich bis dahin besessen hatte.

Die Beschäftigung mit diesen einzelnen Teilchen veränderte mich. Ich sah plötzlich nicht nur, wie sich die Stücke zu einem Bild zusammensetzten, sondern dass es auch einen erkennbaren roten Faden in meinem Leben gab:

1. Viel, viel mehr gute als schlechte Begegnungen und Geschehnisse;
2. Bewahrung von oben, wenn auch recht spät erkannt, und
3. das Einlaufen in eine von Gott vorbereitete Zielgerade, auf der ich all die Kenntnisse und Erfahrungen meines Lebens dankbar einbringen kann.

Mit dieser Sicht konnte ich den Ballast meiner Vergangenheit vor dem Kreuz ablegen.

Jeder, der sich einmal mit dem christlichen Glauben beschäftigt hat, kennt die Symbolik des Kreuzes. Für mich war es über Jahrzehnte einfach nicht vorstellbar gewesen, dass ich mich noch einmal diesem alten Glauben an das Kreuz zuwenden sollte. Kreuzzüge und Gemeindespaltungen, ob in Vergangenheit oder Gegenwart – was Christen anrichten können, war mir bekannt. Erstens, weil ich ein Freund von Weltgeschichte bin, und zweitens, weil ich durch Freunde immer wieder von Gemeindespaltungen und Streitereien hörte, was ich für mich in einem Glauben, der die Nächstenliebe propagiert, eigentlich nicht finden wollte.

Ich hatte mich damals dem Christentum und meiner Entscheidung, es zu leben, nur nahern können, indem ich in der Gideon-Bibel las. Sie umfasste das Neue Testament und die Psalmen und lag nicht nur in den meisten Hotels, in denen ich, auch schon zu Genschers Zeiten, nächtigte, sondern eben auch auf dem Traumschiff MS Deutschland.

Wie schon berichtet, las ich zwei Jahre lang darin, von 2000 bis 2002. Dieses blaue Ding hat mich irgendwie ein Leben lang begleitet. Oft versteckte ich es in den ersten Jahren, wenn ich ins Hotelzimmer kam, hinterm Fernseher oder im Schrank. Sogar die Beatles hatten diese berühmte Lutherbibel in ihrem Lied „Rocky Raccoon" erwähnt:

„Now Rocky Raccoon, he fell back in his room, Only to find Gideon's bible. Gideon checked out and he left it no doubt, to help with good Rocky's revival." Was frei übersetzt, auch im Hinblick auf die übrigen Strophen des Liedes, in etwa heißt: „Und jetzt kam Rocky Raccoon zurück auf sein Zimmer, wo er nur die Gideon-Bibel vorfand, die Gideon wohl beim Auschecken liegen gelassen hatte, um Rocky bei seinem Neubeginn (Wiedereinstieg ins Leben) zu helfen."

Das kontinuierliche Lesen in dieser Bibel brachte mich weiter. Heute weiß ich: Die Kraft des Wortes Gottes ist niemals zu unterschätzen. Überall sehe ich Menschen, die mit ernstem Interesse zur Bibel greifen und ergriffen sind! Ich nenne es gerne das „Kipp-Syndrom": Als ich begann, mich mit der Bibel zu beschäftigen, öffnete ich, wenn auch in einer kritischen Grundhaltung, mein Herz einen kleinen Spalt. Und wissen Sie was? Das genügte!

Vergleichen Sie es einmal mit einem Fenster, das Sie auf „Kipp" stellen. In dem Augenblick, wo Sie es tun, strömt der Sauerstoff herein, schon bevor Sie es überhaupt wahrnehmen, und die schlechte Luft strömt hinaus. Wer sein Herz auf „Kipp" stellt, der gibt dem Geist Gottes die Möglichkeit, in seinem Leben Raum einzunehmen. Er beginnt zu „zirkulieren". Wer sich vornimmt, mit Interesse in Gottes Wort zu lesen, der hat seine Hand bereits an den Griff des Fensters gelegt, um es zu kippen.

Den Menschen sage ich oft: „Die frische Luft wird dir guttun! Fang an, das Bild deines Lebens nicht mehr mit grauen, sondern hellen, wunderschönen Farben weiterzumalen, und stecke den

Malpinsel nicht ständig wieder ins Wasserglas mit der alten, dreckigen Brühe!"

Wer glaubt, erlebt die reinigende Wirkung wie eine Seelendusche! Ich habe es erlebt, durfte neu anfangen! (Vgl. Johannes 7,38.) Das Kreuz des Herrn Jesus war plötzlich nicht mehr nur ein Symbol für mich, wie der hölzerne Buddha oder der grünlich schimmernde indische Elefant in meiner Berliner Wohnung. Es war genauso, wie Jesus es dem Schriftgelehrten Nikodemus erklärte: ‚Von Neuem geboren werden' (Johannes 3), genau so fühlte ich mich.

Wer nun jedoch denkt, es sei alles bei mir rund gelaufen, auch nach der Lebenswende, der irrt. Wie ich bereits erzählte, spürte ich plötzlich, dass ich mit meinem Lebensstil, meinem Auftrag und meinen Wünschen nicht mehr kompatibel bin, um als Animateur auf einem Kreuzfahrtschiff tätig zu sein. Damit würdige ich ausdrücklich alle meine lieben Kollegen, die dies mit Hingabe tun; ich spreche nur für mich persönlich, denn hier ging für mich langsam eine großartige Zeit zu Ende, die Ära des Showpianisten Waldemar Grab, das spürte ich.

Dazu kamen nicht nur die Auseinandersetzungen mit meinem ehemaligen Freund und Kreuzfahrtdirektor Franco Wolff oder die notwendig gewordene Trennung von einem lieb gewonnenen Partner, sondern in erster Linie auch der eigene Zwiespalt, Dinge zu tun oder zu lassen, über die ich früher nie nachgedacht hatte.

Es gab an verschiedenen Baustellen etwas für mich zu tun. Ich musste dringend daran arbeiten, meine fast drei Zentner Lebendgewicht wieder irgendwie auf ein ansehnliches Maß zu bringen und gleichzeitig, ohne Verlust an Authentizität, weiter als Showpianist zu funktionieren. Die Zeit wurde mir gegeben, denn anstatt bereits 2002, nach meiner Bekehrung, auszusteigen, blieb ich wegen einer verlockenden Vertragsverlängerung doch noch weitere drei Verträge an Bord des Schiffes.

Mit Franco Wolff lebte ich mich auseinander. Auf der Bühne funktionierten wir zwar noch, aber er hatte eine Aversion dagegen, dass ich nun wegwollte, um die „Bibel" zu studieren. „Das schaffst du nie, du nicht, ich kenne dich!", sagte er immer wieder. Sogar in Künstler-Meetings konnte er die Sticheleien nicht lassen. Dabei war er selbst in jungen Jahren einmal ein Klosterschüler gewesen, konnte also nachvollziehen, welchen Weg ich nun gehen wollte.

Im Dezember 2004 platzte mir der Kragen und ich sagte ihm unter vier Augen gehörig meine Meinung. Nicht unbedingt eine christliche Tugend, die ich da zum Vorschein brachte, aber es war ein Befreiungsschlag, der mir gut tat. Damals war ich der Meinung, dass man auch als Christ nicht unbedingt alles mit sich machen lassen muss. Auch wenn ich das heute noch so sehe, sollte doch die Art und Weise, wie man den „Gegnern" gegenübertritt, mit etwas mehr Respekt vor dem Menschen erfolgen. Den hatte ich damals vor Franco verloren.

Am 12. Dezember 2004 stand fest: Ich verlasse das Schiff, noch sechs Wochen vor Beendigung meines letzten Vertrages. Ich hatte die Reederei zwar bereits im Juli von meiner Entscheidung, einen neuen Lebensweg einzuschlagen, unterrichtet und mitgeteilt, dass ich den im Februar 2005 endenden Vertrag nicht mehr verlängern würde, doch nun ging ich sechs Wochen früher.

Franco Wolff hätte mir damals keinen größeren Gefallen tun können, als er meinen Ausstieg vom Schiff forcierte. Endlich frei und nicht mehr gebunden an Verpflichtungen, mit denen ich, von der inneren Einstellung her betrachtet, nicht mehr kompatibel war.

Das kommt häufiger vor: Zwei ehemalige Freunde haben sich, durch unterschiedliche Auffassungen und veränderte Lebenseinstellungen, nicht mehr viel zu sagen. Mittlerweile weiß ich, dass Christen auf der ganzen Welt diese Erfahrung machen, wenn sie sich für ein neues Leben entscheiden, dass die Abwendung vom alten auch bedeuten kann, Freunde zurückzulassen.

Was für ein wunderbares, kolossal spannendes Leben, das jetzt vor mir lag und das ich bereits auf dem Rückflug nach Deutschland in allen Zügen genoss! Ich hatte überhaupt keinen Grund, über die Summe des Erlebten nicht dankbar zu sein!

Wer nicht mehr dankt

Wer nicht mehr dankt, der hat das Sehn verlernt,
wer nicht mehr dankt, der hat sich schon entfernt,
drum schau dich um in deiner eignen Welt,
wie oft der Herr dein Leben aufgehellt.

Wer schnell vergisst, dem fehlt Lebendigkeit,
wer schnell vergisst, lebt Oberflächlichkeit,
drum schau dich um in deiner eignen Welt,
wie oft der Herr dein Leben aufgehellt.

Und wer voll Angst den Herrn rief in der Not –
und Tage später schon vergaß sein Angebot
auf Glaube, Liebe, Hoffnung und Balance,
der hat heut' neu, ganz neu für sich die Chance.

Sag ihm jetzt das, was auf der Seele brennt.
Frag nach dem Weg, den Er allein schon kennt.
Und sag Ihm Dank für diesen Augenblick,
denn wer Ihm dankt, der kann zu Ihm zurück.[21]

---

21 *Wer nicht mehr dankt,* Text u. Melodie: W. Grab, erhältlich auf den CDs *Mit dem Traumschiff um die Welt* und *Ich bin fasziniert …!* (siehe Anhang)

Ich wollte mich nun ganz und gar meiner Ausbildung widmen, auf meinen letzten beiden Heimaturlauben hatte ich mich intensiv bei etlichen Bibelschulen umgesehen. Allerdings hatte ich den Besuch bei einer Bruderschaft im Sinn. Einfach mal völlig aussteigen aus allem und in einer sogenannten Kommunität, einer Art evangelisches Kloster, ganz für Gott da sein.

Doch irgendwie bekam ich keinen Frieden bei diesem Gedanken. Zumal Klaus Schmidt, der Leiter des Neues Leben-Seminars in Wölmersen, einer meiner besten Jugendfreunde war. Wenn das kein himmlischer „Zufall" war!

Also entschied ich mich dann doch leichten Herzens, als Gastschüler nach Wölmersen zu gehen, und siehe da, ich erhielt sogar eines der äußerst seltenen Stipendien. Mein Ziel war es nicht, einen Abschluss zu machen, sondern nur Gottes Wort für mich persönlich zu studieren. Ohne die Sprachen Hebräisch und Altgriechisch, also alles ohne großen Stress. Im Übrigen machte ich die Erfahrung, dass ich mit einer Gelassenheit lernen durfte, die mir neu war. Ich bemerkte, dass mich das inwendig Gelernte Gott viel näher brachte als das auswendig Gelernte. Und das war mein Ziel: Lernen, nur für mich, und ich hatte riesige Freude daran!

Nach zwei Semestern hatten die Einladungen zu Predigten und Konzerten bereits solch ein Ausmaß angenommen, dass wir alle nur staunen konnten. Vor den Studierenden hielt ich einige Probepredigten und wurde mit dem Segen von Anton und Peter Schulte sowie meines Freundes Klaus Schmidt in den Dienst als Musikevangelist entlassen.

Ende 2006 gründete ich mit rund zwanzig anderen Christen das „Missions- und Sozialwerk Hoffnungsträger e. V.", um eine sozial und juristisch anerkannte Grundlage zu schaffen, Gottes Wort nicht nur zu verbreiten, sondern auch Spenden für diese Zwecke sammeln zu können.

Heute bin ich mit einem Team haupt- und ehrenamtlicher Mitarbeiter zu über zweihundert Veranstaltungen jährlich unter-

Man wird schnell warm mit den Kindern von Port-au-Prince, bei denen wir die Gaben wecken möchten, die Gott ihnen geschenkt hat. Was für eine Freude, so eine Arbeit tun zu dürfen!

wegs, um den Sinn und Zweck des christlichen Glaubens musikalisch und mit Worten zu erklären. Dass Gott in diesem Tempo solch einen Segen verbreitet hat, ist für mich ein unglaubliches Geschenk! Die Gottesgabe, das Klavierspiel, hilft mir dabei, Herzen zu öffnen. Ich möchte Menschen dafür gewinnen, sich mit Jesus auseinanderzusetzen, in der Bibel zu lesen und ebenfalls einen Neuanfang zu wagen! Das ist das Ziel: Meinen Zuhörern zu sagen, wie sie es schaffen, Jesus als Autorität in ihrem Leben anzunehmen, ohne von da an in Angst leben zu müssen, sie hätten alles falsch gemacht. Jeder von ihnen soll sagen können: „Bin so gern auf Erden, aber ich freue mich noch mehr auf den Himmel!" Das und nur das will ich tun, so lange ich es kann.

Dazu kommt eine Arbeit in den Ländern des Südens. Zurzeit

engagieren wir uns vom Werk Hoffnungsträger in Port-au-Prince/Haiti für die christliche Emmaus-Gemeinde. Nach dem Erdbeben am 12. Januar 2010 ist die Besucherzahl dieser wunderbaren Gemeinde um das Doppelte auf derzeit rund 600 gestiegen, Tendenz steigend. Dieser Gemeinde wollen wir helfen, einen erdbebensicheren Anbau zu errichten, um dort dann gleichzeitig eine christliche Musikschule betreiben zu können. Neben allen evangelistischen und administrativen Aufgaben hat mein Haiti-Besuch kurz vor Weihnachten 2010 bewirkt, dass wir in diesen Räumen 2011 mit Gottes Hilfe eine „Christian School Of Arts", eine christliche Schule der Künste errichten werden. In ihr wollen wir bei Kindern und Jugendlichen die verschiedenen Gaben wecken, die ihnen Gott geschenkt hat. Können sie singen, malen, tanzen? Sind sie begabt, ein Instrument zu spielen, oder haben sie schriftstellerische Talente? Wenn wir ihnen in frühen Jahren schon zeigen können, was Gott ihnen als Geschenk des Lebens mit auf den Weg gegeben hat, können wir vieles bewirken und so manches in die richtigen Bahnen lenken.

Wir sind sehr dankbar, dass wir dort mit der Zentralafrika-Mission (ZAM) einen kompetenten Partner mit christlichem Fundament als Ansprechpartner haben.

Mein Leben hat nicht an Fahrt nachgelassen und ich bin glücklich, dass ich mich noch immer in den „Jet-Streams" der rotierenden Erde aufhalten darf. Ich betrachte es als große Gnade, als ein völlig unverdientes Geschenk, dass ich nun das tun darf, was von Anfang an Gottes Bestimmung für mich war, den Herrn, meinen Gott, zu lieben von ganzem Herzen, mit ganzer Hingabe, mit meinem ganzen Verstand und mit all meiner Kraft (nach Markus 12,30).

Ich weiß, noch bin ich nicht da, wo ich eigentlich sein möchte, aber ich bin auch längst nicht mehr dort, wo ich einmal war. Als Christ lebe ich heute mit den Erfahrungen aus der Vergangenheit und mit dem Blick auf die Ewigkeit. Das ist Grund genug, den

Titel meines Liedes auch als Titel für das Ihnen vorliegende Buch zu wählen: „Bin so gern auf Erden".

Epilog

Beim Lesen der vielen Namen in diesem Buch erschrak ich: So viele Menschen, mit denen ich ein Stück meines beruflichen und privaten Lebens gegangen bin, die mich beeindruckt, beeinflusst und bereichert haben, leben nicht mehr. In der Summe dieser Personenliste kam es mir vor, als ob es nur noch eine Handvoll letzter Mohikaner aus dieser Zeit gäbe.

Hat irgendjemand diesen Menschen, die sich mit aller Kraft, ihrer Gesundheit und mit vielen privaten Opfern für unser Land einbrachten, „danke" gesagt, *bevor* sie die irdische Bühne, zum Teil verbittert, verließen? Oder trat der Dank erst bei den Trauerreden und Kondolenzbriefen zum Vorschein?

Auch die durch Naturgewalten und Terrorakte veränderten Landschaften und zerstörten Sehenswürdigkeiten, zunehmend undemokratische Züge mancher Staaten und die oft bedingungslose Kapitulation politischer Institutionen vor der Medienzunft geben mir sehr zu denken. Keine Frage, die Welt ist im Umbruch, die Zeit „von damals" kehrt nicht zurück und die Zukunft kann nicht ohne Restrisiko geplant werden.

In dieser Situation ist es für mich wichtig, jeden Tag mit Gott beginnen zu können – zu erkennen, was falsch läuft und was richtig. Dabei will ich Ihm, Jesus Christus, die Führung überlassen, seine Vergebung spüren, eine bekennende Gemeinde suchen und mit ihm neu durchstarten. Das alles ist keine Frage des Alters.

Es ist auch völlig egal, auf welcher Bank des Lebens Sie sitzen: auf der Bank am Notausstieg der Kanzlermaschine, der Klavierbank auf dem Traumschiff, der Hobelbank im Betrieb, der

Schulbank beim Abitur, der Kirchenbank zu Weihnachten, der Küchenbank zu Hause oder der Ruhebank des Alters. Schieben Sie das, was Sie mit Gott zu besprechen haben oder schon immer besprechen wollten, nicht auf die „lange Bank". Bildlich erläutert: Die „Concorde nach Paris" fliegt und das „Taxi auf Samoa" fährt täglich – der Tod kennt keine Regeln. Eine Allversöhnung im Sinne von „Wir kommen alle in den Himmel, weil wir so brav sind"[22], wie es nicht nur Schlagersänger, sondern auch manche Religionen und Glaubensgemeinschaften propagieren, kennt die Bibel nicht!

„Die Einschläge in unserem Umfeld kommen näher", heißt es im Volksmund über die zunehmende Anzahl von Todesanzeigen, die man ins Haus bekommt, wenn man ein gewisses Alter erreicht hat. Wer denkt, er bliebe verschont, irrt.

Daher möchte ich die mir verbleibende Zeit nutzen, um die Freude, in Ewigkeit an Gottes Frieden teilzuhaben, mit vielen Menschen zu teilen. Auch durch dieses Buch, denn in der Summe gibt es bis zum Erreichen des Ziels für mich nur ein Fazit: „Bin so gern auf Erden, diesem schönen Stern, was auch immer werde, Herr, ich lebe gern!"

---

22 Schlagertitel von Jupp Schmitz und Wolfgang Petry.

Anhang

Personenverzeichnis

Alexander, Peter (†2011), österreichischer Sänger, Schauspieler, Showmaster und Unterhaltungskünstler

Brandt, Jürgen, 1978-1983 Generalinspekteur der Bundeswehr unter den Verteidigungsministern Hans Apel und Manfred Wörner

Brandt, Willy (1913-1992), 1969-1974 Bundeskanzler der Bundesrepublik Deutschland, 1964-1987 Vorsitzender der SPD, 1976-1992 Präsident der Sozialistischen Internationale, Friedensnobelpreisträger.

Carstens, Dr. Karl (1914-1992), 1979-1984 fünfter Bundespräsident der Bundesrepublik Deutschland.

Deilmann, Peter (†2003), Reeder. Seine Reederei war Eigentümer der ZDF-Traumschiffe MS Berlin und MS Deutschland.

Ehrenberg, Dr. Herbert (geb. 1926), 1976-1983 Bundesminister für Arbeit und Sozialordnung.

Francke, Klaus, Mitglied des Deutschen Bundestages 1976-1998 und seit 2001.

Genscher, Hans-Dietrich (geb. 1927), 15. Mai 1974 – 17. Sept. 1982 sowie 1. Okt. 1982 – 17. Mai 1992 deutscher Außenminister, 1974-1985 Bundesvorsitzender der FDP.

Grunwald, Walter (†2006), Auslandspfarrer der Evangelischen Kirche in Deutschland (EKD), Gemeindegründer auf Santa Cruz/Teneriffa, zuvor Seemannspastor der Nordelbischen Evangelischen Kirche. Bordpastor auf der MS Deutschland.

Gscheidle, Kurt (†2003), 1974-1980 Bundesminister für das Post- und Fernmeldewesen.

Hussein bin Talal, König von Jordanien (1935-1999, König seit 1952), unter ihm wurde 1994 der israelisch-jordanische Friedensvertrag geschlossen. Vater des heutigen Königs Abdullah II.

Juhnke, Harald (†2005), Schauspieler, Entertainer und Sänger.

Kohl, Dr. Helmut (geb. 1930), 1982-1998 Kanzler der Bundesrepublik Deutschland, 1973-1998 Parteivorsitzender der CDU.

Lambsdorff, Otto Graf (†2009), 1977-1982 und 1982-1984 Bundesminister für Wirtschaft.

Leber, Georg (geb. 1920), 1972-1978 Bundesminister für Verteidigung.

Maier, Günter (†2007), Künstlername *Günter M. Noris*, Bandleader, Pianist, Arrangeur, Komponist, Gründer der Big Band der deutschen Bundeswehr.

Maizière, Ulrich de (†2006), 1966-1972 Generalinspekteur der Bundeswehr unter den Verteidigungsministern Kai-Uwe von Hassel, Gerhard Schröder (CDU) und Helmut Schmidt. Vater des derzeitigen Verteidigungsministers Thomas de Maizière (2011).

Mo, Billy (1923 Trinidad – 2004 Hannover), US-amerikanischer Jazztrompeter und Entertainer.

Nguza Karl-I-Bond, Jean de Dieu (†2003), 1972-1980 mit mehreren Unterbrechungen Außenminister der Republik Zaire (heute: Demokratische Republik Kongo), 1980-1981 und 1991-1992 Premierminister.

Noris, Günter M. siehe Maier, Günter

Rabin, Jitzchak (1922-1995), 1974-1977 und 1992-1995 Ministerpräsident des Staates Israel. 1995 von einem jüdischen Siedler ermordet. Friedensnobelpreisträger, zusammen mit Shimon Peres und Jassir Arafat.

Rabin, Lea (†2000), israelische Politikerin und Ehefrau von Jitzchak Rabin, gebürtige Königsbergerin.

Schächter, Markus, seit 2002 Intendant des ZDF.

Scheel, Dr. Mildred (†1985), Ärztin und Ehefrau von Walter Scheel, Gründerin der Deutschen Krebshilfe.

Scheel, Walter (geb. 1919), 1974-1979 vierter deutscher Bundespräsident.

Schmidt, Helmut (geb. 1918), 1974-1982 Kanzler der Bundesrepublik Deutschland. Laut Geburtsurkunde Heinrich Helmut Waldemar Schmidt.

Weizsäcker, Richard von (geb. 1920), 1984-1994 sechster Präsident der Bundesrepublik Deutschland.

Wörner, Dr. Manfred (†1994), 1982-1988 Bundesminister für Verteidigung.

Wust, Harald, 1976-1978 Generalinspekteur der Bundeswehr unter Verteidigungsminister Georg Leber.

Zacharias, Helmut (†2002), Geiger („Zaubergeiger"), Jazzmusiker, Komponist und Arrangeur.

Zimmermann, Armin, 1972-1976 Generalinspekteur der Bundeswehr unter Verteidigungsminister Georg Leber.

Angaben zu erwähnten Büchern und CDs

Buch:

Waldemar Grab, *Der Mann am Piano – Leitfaden für Tastenprofis,*
300 Seiten, ppvmedien, Bergkirchen 1997,
ISBN 978-3-9802124-7-2
(zu beziehen im Buchhandel oder bei: www.ocean-onlineshop.de)

CDs:

Bin so gern auf Erden – What A Wonderful World, Die neuesten Lieder von Waldemar Grab, Swing-Trio, Chor- und Band-Arrangements: Hans Werner Scharnowski, eine Produktion für den Brunnen Verlag, Gießen 2011
(zu beziehen über den Buchhandel)

Mit dem Traumschiff um die Welt, 16 christliche Lieder von Waldemar Grab, aufgenommen im Kaisersaal der
MS Deutschland (zu beziehen bei: www.ocean-onlineshop.de)

Ich bin fasziniert …! Swing-Trio Waldemar Grab & Gäste, mit Live-Konzertausschnitten
(zu beziehen bei: www.ocean-onlineshop.de)